新潮文庫

魚へん漢字講座

江戸家魚八著

新潮社版

7514

はじめに　弱い魚ってどんな魚？

まず本書を手にとって下さった読者の皆さま、ありがとうございます。

さて、私が育ったのは内陸の田舎町で、いわゆる江戸前寿司《ずし》には馴染《なじ》みの薄い土地でした。そんな私が、いまから十年以上前、東京に来たばかりの頃はじめて入った寿司屋で、勝手がわからないままビールを飲んで、「上にぎり」を食べ終わり、そろそろ席を立とうかと思っていたときのこと。近くにいた親子と思《おぼ》しき二人連れの客の会話が聞こえてきました。

「問題出すよ。サカナに弱いと書いたら何のサカナ？」

「ええと……、ニシン？」

「違います。ニシンは弱くないでしょう」

「じゃあ、そのサカナって、すごく弱いサカナなの？」

声のするほうを窺《うかが》ってみると、「問題出すよ」と言っていた母親らしき女性は、湯呑《ゆの》み茶碗《ぢゃわん》を手元に置いて、それを見ながら、おそらく息子であろう少年と話しています。ちょうど私のところにもお茶が運ばれてきました。お茶の入った湯呑み茶碗を見ると、そこにはたくさんの漢字がデザインされていました。どれも〝魚へん〟の漢字ばかりで、漢字の横にはそれぞれひらがなで読み方が書かれていました。漢字についてはそれなりに知識を持っているつもりの私でしたが、その湯呑み茶碗を見たとき、「魚を表す漢字はこんなにたくさんあるのか」とあらためて驚くと同時に、その文字の並びのおもしろさに魅了されたのです。

それ以来、〝魚へん〟の漢字はどういうものがあるのか、どうしてそういう字を書くのか、などといったことを調べるようになりました。そして魚へんの漢字のことを調べるうちにその魚がどういう魚なのかを知りたくなり、また馴染みの割烹《かっぽう》の主人が「○○という魚は、煮付けがうまいですよ」などといろいろ教えてくれるのを聞いているうちにそれぞれの魚のおいしい食べ方についても探究するようになりました。

魚を表す文字がたくさんあるということは、それだけ日本人と魚の関係が重層的なものであることを示しています。そう考えていたのですが、私の周りの魚好きを自認する人たちに——あのとき寿司屋で見た母親が子供に問題を出していたように——「魚へんに××と書いて何と読む？」と尋ねてみると、満足に答えられない人が多いのです。漢字の読み方を答えられたとしても、ではそれがどういう大きさ・姿の魚なのか、どういう特徴があるのか、などと問われると、それに対する答えは急に怪しくなってしまいます。ふだん家や飲食店で食べているような魚についても、じつはそれほど知識をもっていないのです。

日本は世界屈指の漁業国です。そして日本人は世界一の魚食民族なのです。「世界一」の名に恥じないよう、魚へんの漢字文化の豊かさに触れ、それぞれの魚にまつわる知識をも豊かにする一助として、本書を活用してもらえれば幸いです。

江戸家魚八

目次

第一章　これは何のサカナ？

第二章　これもサカナ？

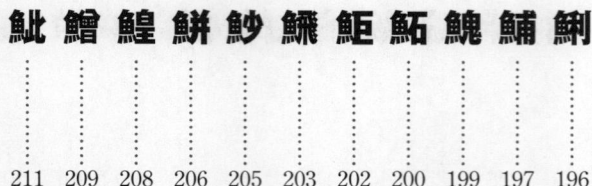

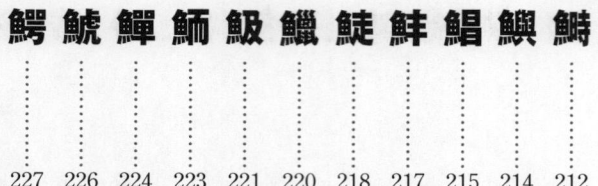

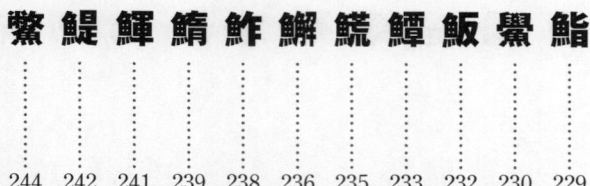

第三章　これはサカナかな？

魯	魷	魞	鰱	鯿	鯢	鮬	⿰魚幼	⿰魚永	鯘	鱍	鮮
259	258	257	256	255	254	253	252	251	250	249	248

鰾	鰭	⿰魚果	鰓	鰔	鯪	鯤	鯤	鯁	鯝	鮏	魹
271	270	269	268	267	266	265	264	263	262	261	260

⿱⿰魚魚⿰魚魚	鱻	⿱魚魚	魭	魽	⿰魚卩	魬	鱖	魞	鯀	鱣	鱗
283	282	281	280	279	278	277	276	275	274	273	272

編集協力　株式会社ゾーン

魚へん漢字講座

第一章　これは何のサカナ?

鮪《まぐろ》

◆どうしてこんな字？

訓の読みでは、マグロ・シビ、音ではユウ・イと読みます。鮪の字は「魚」という意味のへんと、音読みのユウを表す「有」との組み合わせで成り立っています。常温で時間がたつと真っ黒になることから「まっくろ」→「まぐろ」となったといわれています。また、「目が黒い」→「目黒」→「まぐろ」となったという説もあります。

◆「まぐろ」ってどんな魚？

マグロは最高級のものから庶民向けまで、いくつかの種類に分けられる魚。クロマグロ→ミナミ→メバチ→キハダ→ビンナガの順で値段が安くなっていきます。

体長約3メートル、体重約300キログラムにも達するのがクロマグロ。全世界の温帯海域に広く分布しており、特に脂身《あぶらみ》（大トロ・中トロ）が珍重されます。ミナミマグロはこれに次ぐ高級魚です。全世界の温帯に分布し漁獲量も多く庶民向けなのがメバチマグロ。身の赤身が薄く関西で特に好まれるのがキハダマグロです。ツナ缶になるのはビンナガマグロ。熱したときの色や味が鶏肉に似ているので「シーチキン」と呼ばれています。クロマグロがキハダよりおいしい理由のひとつは北の海にいること。キハダは三陸より北には行きませんが、クロマグロは北海道からカムチャッカにまでおり、脂がのっておいしいのです。

◆おいしい調理の仕方

マグロにはたんぱく質が約25％も含まれ、生鮮食品の中では最高。さらにヒスチジンやアンセリン等のアミノ酸に加え、健康に良いＥＰＡやＤＨＡも豊富に含んでいる優れモノ。マグロは、部位によって値段が大きく違います。一般に魚は、背より腹のほうが、後部《シモ》より前部《カミ》のほうが脂質の含量が高くなります。最高級の大トロは腹カミという部位。腹ナカ・腹シモが中トロで、背カミ・背ナカ・背シモが赤身です。ちなみに、マグロの切り身では、木目がまっすぐできれいに揃《そろ》っているものは体の中央部にあたり上モノ。逆に木目が詰まり不規則なのは尾に近い部分で味が劣りますので、お店などではしっかり観察してくださいね。マグロといえば、お寿《す》司《し》や刺身など生で食べるのが最高なのですが、鮮度が落ちるほど黒っぽい色から緑色に変化していきます。

◆ところ変われば呼び名も変わる

クロマグロ（一般）　メジマグロ（秋田）　ゴンダ（宮城・岩手）　ホンマグロ（東京）　クロシビ（関東）　ハツ（関西）　ウシシビ（沖縄）

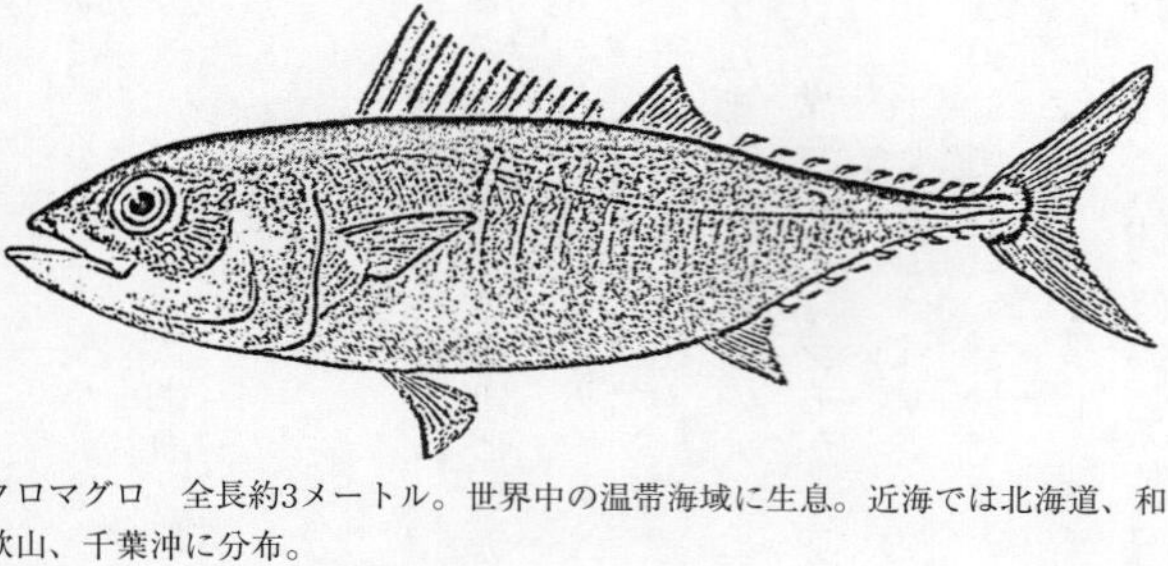

クロマグロ　全長約3メートル。世界中の温帯海域に生息。近海では北海道、和歌山、千葉沖に分布。

鮃《ひらめ》

◆どうしてこんな字？

比目魚、平目とも書くカレイ目ヒラメ科の硬骨魚の総称。鮃の字源は、だ円形で極端に平たいその体の特徴そのままで「平」べったい「魚」から来ています。両眼とも体の左側にあり、眼のある側は暗褐色で、反対側は白い色をしています。この眼の位置に着目して「眼の側（ひら）」→「ひらめ」となったという説もあります。

◆「ひらめ」ってどんな魚？

北海道から九州に至る沿岸各地に生息し、刺し網や沿岸はえなわ漁、定置網などで漁獲されるヒラメ。身が厚くなる冬が旬《しゅん》で、3月に入ると身が痩《や》せてきて、ネコでさえまたいで通るの意で、春のヒラメを「ネコマタギ」と呼びます。また子持ちのヒラメは避けたほうがよいでしょう。腹がふくれているとそこが腐り、青く変色しやすくなります。これを「青丹《あおに》が出る」といいます。

最近では養殖モノも増えていますが、天然モノは裏が真っ白なのが特徴。養殖モノには裏側にまだら模様があるので一目瞭然《りょうぜん》です。

ヒラメと同じく平たい魚「カレイ」とヒラメの見分け方は「左ヒラメの右カレイ」。腹部を下にしたとき、左側に眼があるのがヒラメです。また「大口ヒラメの小口カレイ」ともいい、大きな口に鋭い歯があるのも特徴です。

◆おいしい調理の仕方

白身で身が締まっていてクセがなく、刺身や寿司ダネに適するヒラメ。たんぱく質は多いのですが、脂肪分が少ないのでダイエット中の人にはオススメです。生食以外では味が薄いので、煮付けやフライ、ムニエルなど、調味料や脂肪分を補って調理するとよいでしょう。産卵前の寒ビラメは特に脂がのっていておいしく、また、ひれの付け根の「縁側」はかたく締まった筋肉に脂肪がのって美味。また、縁側には肌のハリと弾力を保つためには欠かせないコラーゲンが多く含まれるので、お肌の調子に悩む女性にぴったりです。

寿司ダネとしても人気のメニューですが、特に刺身が天下一品。歯ごたえがあるので、薄造りにすることがポイントです。ヒラメは大きいものだと7～8キログラムにもなりますが、おいしいのは3キログラムまで。それ以上だと大味になってしまいます。

◆ところ変われば呼び名も変わる

ヒラメ（一般）　オオグチガレイ（東北・関西）

テックイ（北海道）　ミビキ（富山）　ヒダリ

グチ（中国）

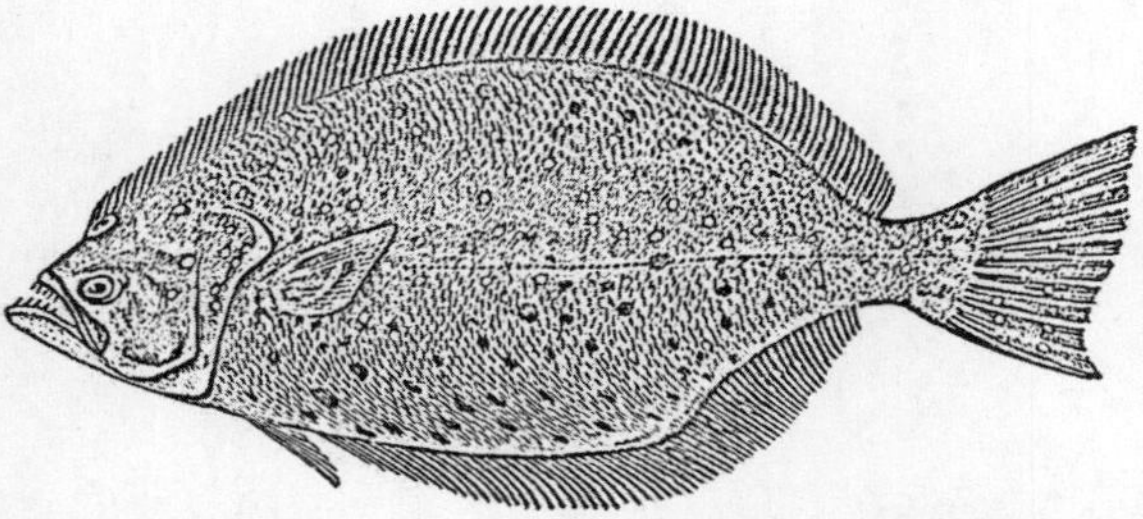

ヒラメ　全長70〜80センチメートル。樺太、千島、朝鮮半島から香港近くの南シナ海に分布。日本近海では、北海道から九州に至る沿岸各地に生息する。

鮎《あゆ》

◆どうしてこんな字？

この字は本来「ナマズ」を指すのですが、神功《じんぐう》皇后が天皇の戦勝を占ったとき年魚《あゆ》が釣れたと『日本書紀』に記されたことから「占いに使った魚」＝鮎となったと言われています。「あゆ」の語源は「落《あ》ゆ」＝「落ちる」で、アユが秋に産卵のために川を下ることに由来しています。

◆「あゆ」ってどんな魚？

北海道南西部から屋久島まで日本各地に生息する淡水魚、アユ。川の岩についた藻を食べるため独特の香りがするので、「香魚」とも呼ばれます。秋に川で孵化《ふか》した稚魚はすぐに川を下り、春まで海で過ごします。その後、再び川を上り、中流で成長。秋に産卵のため下流へ下ってくるという性質があります。1年で一生を終えるため「年魚」ともいわれます。

アユは、鮮度が落ちると腹がへこみます。新鮮なものは腹がピンと張っています。また川魚は腐りが早いため、魚屋では人の手で温められることを嫌います。アユを手の平にのせて「これいくら?」と聞くと、まず売ってくれないか高い値をつけられることも。素人《しろうと》と見抜かれてしまうんですね。お店でアユを手にとるときは、腹ではなく尾を持つようにしましょう。

◆おいしい調理の仕方

アユは初夏から夏が旬で、6月1日に漁が解禁になる川が多いです。しかし、天然モノは極めて少なく、市場に出回っているものの8~9割は養殖モノです。最近では「半天然アユ」というのもあるとか。餌《えさ》にスピルリナという藻の一種を配合したり、運動量を増やすため流れのある池で育てたりしているもので、普通の養殖モノの2~3倍の値段で売られています。

アユの身や内臓に多く含まれるビタミンEは動脈硬化などの原因となる「過酸化脂質」を取り除きます。これにより血液の流れがよくなるので「若返り」効果があるほか、高血圧やガン予防などにも効果があります。岐阜県長良《ながら》川名産の「切り込みウルカ」は、アユの刻んだ身と内臓をまぜ入れた塩辛《しおから》の絶品。卵巣《らんそう》を塩漬けにした「子ウルカ」や精巣の塩辛「白ウルカ」は、ゆずをたらして食べます。

◆ところ変われば呼び名も変わる

アユ（一般）　アア（岡山）　アイオ（広島）
アイナゴ（石川・和歌山）　アイノイオ（岐阜）
シロイオ（熊本）

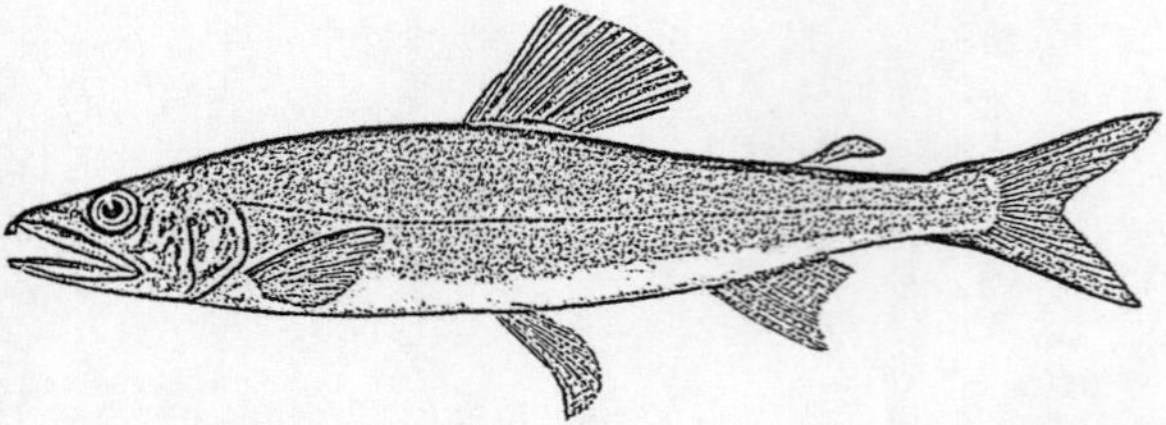

アユ　体長約30センチメートル。北海道南西部から屋久島までの全国各地に分布。国外では朝鮮半島から中国南部までに生息する。

鰹《かつお》

◆どうしてこんな字？

堅魚（カタウオ）が変化したもので、鰹節が堅いことからカツオになったともいわれています。また、江戸時代には「勝つ魚」と語《ご》呂《ろ》が良いことから武士の間で好まれました。鰹の字の音はケンと読み、魚へんとケンの音を表す「堅」から成り立っています。堅は巻きつくの意味で、鰹には長く巻きつく魚（うなぎ）という意味もあります。

◆「かつお」ってどんな魚？

全世界の暖海に広く分布するカツオ。その典型的な紡錘形の体は、海を高速で遊泳するのに適しています。孵化した稚魚でも、数週間で十分な遊泳力をもつようになるとか。さすがに眠るときは速度を落としますが、昼も夜も一生泳ぎ続けます。巨大な体で広範囲を移動するので、海中に溶け込んだ酸素を効率よく取り込むため、口を開けたまま高速で泳ぎます。

カツオにはその生態から2種類あり、海流が強く水温の高い水域に生息する「瀬つき群」と、餌を追って移動する「回遊群」とがあります。回遊群にも2種類あり、季節によって南北、東西に移動し、黒潮にのってフィリピン方面から北上してくるものと、ミクロネシア近海から小笠原《おがさわら》海流にのって東北海域を北上するものがあります。

カタクチイワシ等をまき餌《え》にして擬餌針《ぎじばり》で釣る「一本釣り」が豪快です。

◆おいしい調理の仕方

カツオは季節によって脂ののり具合が変わり、味も違います。関東では適度に脂ののった初夏の「初がつお」が好まれますが、関西では、秋に獲れる脂の多い「戻りがつお」を好みます。身は暗赤色で血合いが多く、独特の旨味《うまみ》と香りがあります。カツオはたんぱく質が多く、特に血合いの部分にはビタミンA・B_1・B_2・B_{12}、鉄分のほか、EPAやDHAも多く含まれています。調理はあまり手をかけない素朴なものが向いています。特に、高知の郷土料理「かつおのたたき」は絶品。本格的なものは、わらを燃やしていぶし焼きにします。これにネギや生姜《しょうが》等の薬味をまぶして、包丁の腹で軽くたたいてなじませ、ポン酢等で食べます。鰹節は、三枚におろして煮熟《しやじゆく》したカツオを、火を通しながら焙乾《ばいかん》しカビつけをする工程を何度もくり返して作られます。

◆ところ変われば呼び名も変わる

カツオ（一般）　カチュー（沖縄）　カツ（宮城、福島）　スジガツオ（和歌山、高知）　タテマダラ（島根）　マガツオ（長崎）　マンダラ（北陸、北海道）

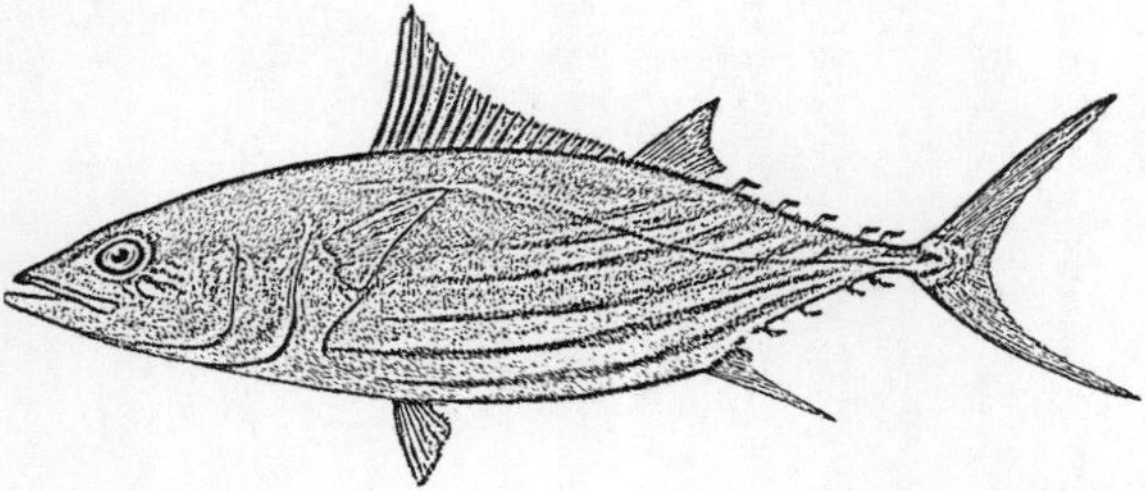

カツオ　全長約80センチメートル。全世界の暖海に広く生息する。

鮗 このしろ

◆どうしてこんな字？

コノシロは冬に獲《と》れるので、「魚」へんと「冬」のつくりで成り立っています。コノシロは「子の代《しろ》」の意味で、殺されかけた子供を助けるため、子供の代わりに棺に入れ火葬したという伝承からこう呼ばれるようになりました。しかし「コノシロを焼く」は「この城を焼く」ともなり、江戸の武士たちには忌《い》み嫌われたそうです。

◆「このしろ」ってどんな魚？

コノシロは、江戸前寿司《ずし》では「コハダ」の名前で親しまれる出世魚です。全長が4センチメートル以下のものを「シンコ（新子）」、10センチメートル前後のものを「コハダ」、20センチメートル前後のものを「コノシロ」と呼び分けます。ニシンの仲間で、西日本の内湾と朝鮮半島沿岸でよく獲れる魚です。

この魚は焼くと独特の臭《にお》いがするので、関東地方では「焼き場（火葬場）のにおい」といって好まれませんでした。また昔、下級武士の切腹前の食事には必ず焼いたコノシロを出したとも伝えられ、イメージのよくない魚といわれてきました。コノシロの産卵期は春から夏で、秋になるとシンコが市場に出回ります。シンコは脂肪分が少ないものの、やわらかい舌ざわりと淡白な味が絶品です。11月頃には12〜13センチメートルのコハダに成長、2月頃までが旬となり「冬の光りモノ」の代表選手となっています。

◆おいしい調理の仕方

コノシロの食べごろは10センチメートル前後の「コハダ」の頃で、握り寿司の「光りモノ」の王者に君臨しています。コノシロまで成長すると、寿司ダネには大きすぎるので斜めにそぎ身にするか太巻のように巻きものにするしかなく、見た目も悪かったことから、コノシロを使う寿司屋は昔から二流もしくは安売りの店だという目安にされてきました。しかし、味はシンコからコノシロまで同じようにおいしい魚です。もともとコノシロは、見かけよりも脂肪分が多く味も濃いので、あまり大きなものだと味が強すぎます。また小骨が多いのも大きなものの難点。小ぶりのものを買うほうがよいでしょう。また、腹から傷《いた》みだす魚なので、腹を見て新鮮さを判断します。関西では、コノシロを塩焼きにして食べますが、皮のむきやすさと骨切りをかね、皮目に深く包丁を入れるようにします。

◆ところ変われば呼び名も変わる

コノシロ（一般）　コハダ、シンコ、ジャコ（関東）
ベットウ、マベラ（石川）　ヨナ（浜松）　マズ
ナシ（大阪）　アシチン（沖縄）　ツナシ（近畿《きんき》）
ハツコ（広島）

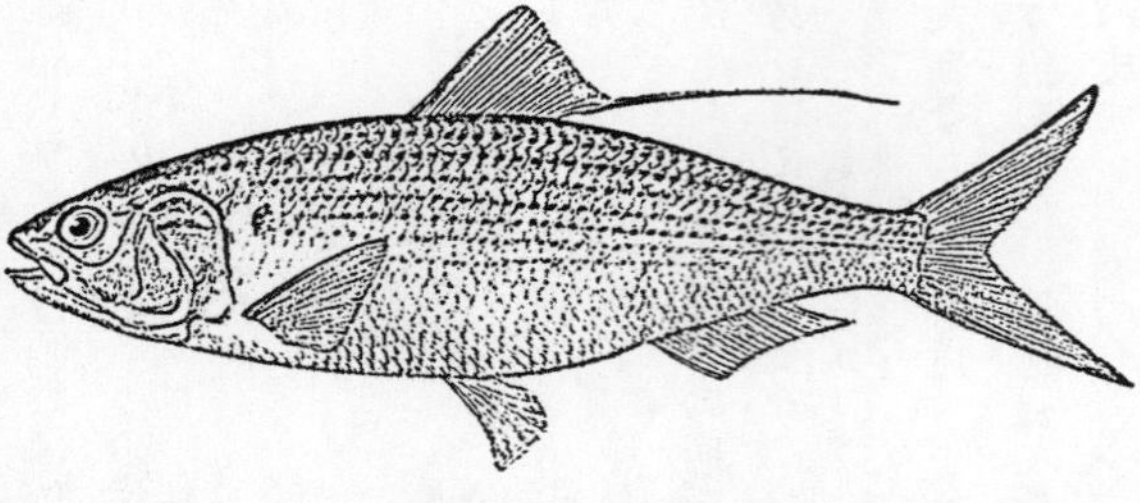

コノシロ　全長約25センチメートル。西日本の内湾と朝鮮半島沿岸に生息する。

鱵《さより》

◆どうしてこんな字？

サンマに似て細長く、下あごがくちばしのように長く突き出している魚です。その体型をそのまま表した国字で、針のように細長くて光沢のある魚の意味からきています。またサヨリには、「針魚」や「細魚」という表記も使われています。

◆「さより」ってどんな魚？

サヨリの分布範囲は非常に広く、北は北海道から南は台湾の沿岸にまで及びます。石川や瀬戸内海が本場です。沿岸部の表層を群泳し、春から夏にかけてが産卵期で、全長40センチメートルにも達します。主に動物プランクトンを餌にしていますが、何でも食べる悪食《あくじき》で、水揚げ後は胃の中が一番に悪くなり、腹の部分の銀色が黄色く変わって次には破れてしまいます。また腹の中が黒い粘膜でおおわれていて苦味があり、裂いたときの内臓からは一種独特の悪臭があります。

「サヨリのような人」という表現がありますが、これは「外見ばかりが良くて腹黒い人間」を指す言葉。スマートな人だといわれていると勘違いしないでください。

内臓は傷みやすいので早めに取り除いておきましょう。腹部が銀白色で、下あごの朱赤が鮮やかなものが新鮮さの証拠です。

◆おいしい調理の仕方

サヨリは5〜6月が産卵期で、旬は春。「春の光りモノ」ダネの筆頭として挙げられます。白身は脂質が少なく淡白な味。寿司以外にも、美しい皮目をいかしていろいろな形のお造りにしたり、椀《わん》ダネ、焼き物等、料理として季節感の出る魚です。また、昆布締《こぶじ》めにして旨味を補い、和《あ》え物、酢の物にしても美味。主役にはなれませんが脇役《わきやく》としていろいろな料理に使えます。注意点は、鮮度落ちが早いので、できるだけ早く内臓を取り除き、料理するまでの間は冷たい塩水につけておくこと。真水だと光沢がなくなって味も落ちてしまうので気をつけましょう。

銀色に光るサヨリの皮はとても丈夫。包丁で外引き（包丁の刃を外側に向け、手前から押すように皮をはぐこと）にすることもできますが、指先でつまんではぎとることもできます。

◆ところ変われば呼び名も変わる

サヨリ（一般）　ハリヨ（新潟）　ゼンド（石川）　ヨド（霞《かすみ》ケ浦《うら》）　スクビ（松山、米子《よなご》）　ヤマキリ（和歌山）　ナガイワシ（鹿児島）

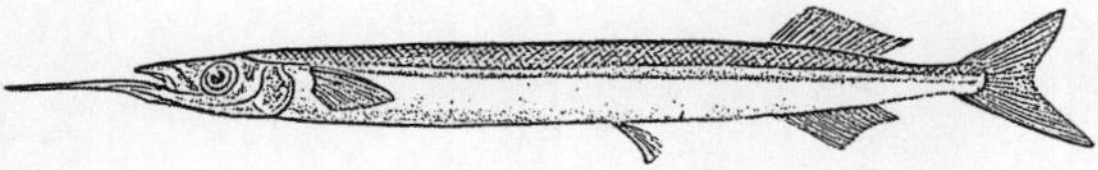

サヨリ　全長40センチメートル　北海道から台湾沿岸まで広く分布。石川や瀬戸内海が本場。

鱚《きす》

◆どうしてこんな字？

魚へんに「キス」の読みのうち「キ」を表す「喜」を組み合わせてできたものです。またキスの「キ」は接頭語で「ス」は性質が素直で飾り気のないことを表し、飾り気がなく清楚《せいそ》で性質はおとなしく、味も淡白な魚を表現するのにぴったりな言葉です。

◆「きす」ってどんな魚？

一般にキスと呼ばれている魚はシロギスのこと。小ぶりで清楚な姿がよく、白身で淡白な味は和風洋風の各種料理で好まれています。名前が似ているアメギスは、最近、オーストラリア等から輸入されている新顔の魚で、シロギスの代用品として出回っています。お店ではアメギスとは表示されないことが多いのですが、この種は肌がシロギスよりあめ色がかっており、よく注意をすると見分けることができます。

シロギスの鮮度のよいものは象牙《ぞうげ》色と濃いピンク色の混じったような側線がはっきりしています。北海道南部から九州にかけての内湾や岸近くの砂泥《さでい》地に生息し、特に九州、四国地方や日本海では30センチメートル近い大きなものが獲れます。シロギスの他にアオギスもありますが、味はシロギスより劣り少し青臭いというクセがあるので寿司ダネには向いていません。

◆おいしい調理の仕方

味のよいシロギスは海のアユとも呼ばれています。キスの産卵期は8～9月頃で、産卵前の初夏が旬となります。特に6月のものは「絵に描いたものでも食え」といわれるほどおいしくなります。

しかし、キスは理想的な握りダネでありながら、江戸の昔から敬遠した寿司屋も多いとか。それは「疫病神《やくびょうがみ》よけにキスを断ち、船玉様という船の神様に願をかける」という俗信から来ています。キスは死ぬと急速に味が落ちるといわれており、できるだけ新鮮な魚を選び調理することが肝心です。

シロギスは、脂質が1％と非常に少ないのが特徴。水分が多いのでうまく水分を抜いて調理したほうがおいしく食べられます。例えば刺身の場合は、開いた後で塩水で洗って水分を抜きます。天ぷらの場合も、丹念に水分をふき取るほうがふわっとおいしく仕上がります。

◆ところ変われば呼び名も変わる

キス（一般）　シロギス（正式名）　マギス、キス

スゴ（関西、四国、九州）

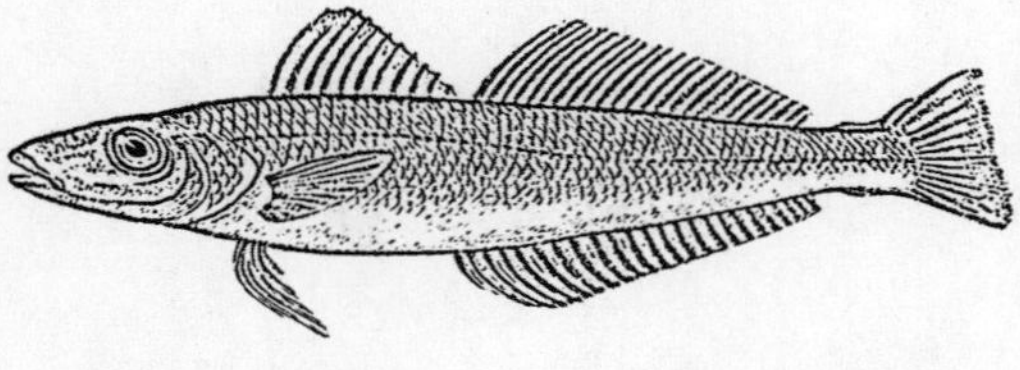

シロギス　全長約30センチメートル。北海道以南の海に広く分布する。

鯵《あじ》

◆どうしてこんな字？

鯵は鱢の誤字で、つくりの喿が「なまぐさい」を表します。また、アジの一番おいしい季節が旧暦の3月なので、数字の「参」が使われたという説もあります。「アジ」という名前は、単純に「味のよい魚だからアジ」となったそうです。

◆「あじ」ってどんな魚？

一般にアジと呼ばれる魚は、世界に25属約１４０種を数えるアジ科のうち、体の側線に鋭いとげを持つ「稜鱗《りょうりん》」（ゼイゴ）が発達する仲間。世界中の暖海域に広く分布し、暖流にのって小回遊をする回遊性魚類です。特にマアジ類は肉質や味がよいので、寿司ダネとして使われます。日本近海には、沖合回遊性で体色の黒いクロアジと、沿岸性で定着性が強く、体色が黄色いキアジの2種類が知られています。味はキアジのほうが好まれます。アジの産卵期は3～7月で、水温が16～17度が適しており、この水温を追いかけて移動しながら産卵します。孵化《ふか》した稚魚はクラゲの仲間と共生する性質があり、クラゲのかさの下で身を守りながら成長していきます。また海が荒れるのを予知する力もあるらしく、海が荒れる前に餌を食べるので、シケ前の大漁が多いのです。

◆おいしい調理の仕方

アジは適度に脂《あぶら》ののった赤身の魚。アラニン、グリシン、グルタミン酸などの遊離アミノ酸が多く含まれ、これらのエキス分と脂肪が混ざって独特の旨味をつくっています。また、脳の活性化に効果があるといわれるＤＨＡが豊富で、新鮮なものにはＥＰＡも多く、コレステロール値を下げる働きがあります。

アジを調理するときに苦労するのが体の両側にある発達した硬いウロコ（ゼイゴ）取り。魚を横にして、包丁をねかせてしっぽのほうからそぎ取るのですが、ちょっとでも包丁の刃が深くなると赤い血合い肉が現れてしまいます。今ではアジは、刺身やたたきのとき皮をむく魚ときまっていますが、大正期まではアジの皮はむかなかったので、このウロコ取りには熟練の職人技が必要とされました。アジは「濁りのない目」が新鮮。目が黒っぽく光り、生き生きしているのを選びましょう。古くなると白く濁ってきます。

◆ところ変われば呼び名も変わる

マアジ（一般）　アオアジ、オニアジ（和歌山）
ジンタ（神奈川・千葉）　ゼンゴ（四国、広島、伊《い》豆《ず》）　トッパ（高知）　ヒョットコ（東北）

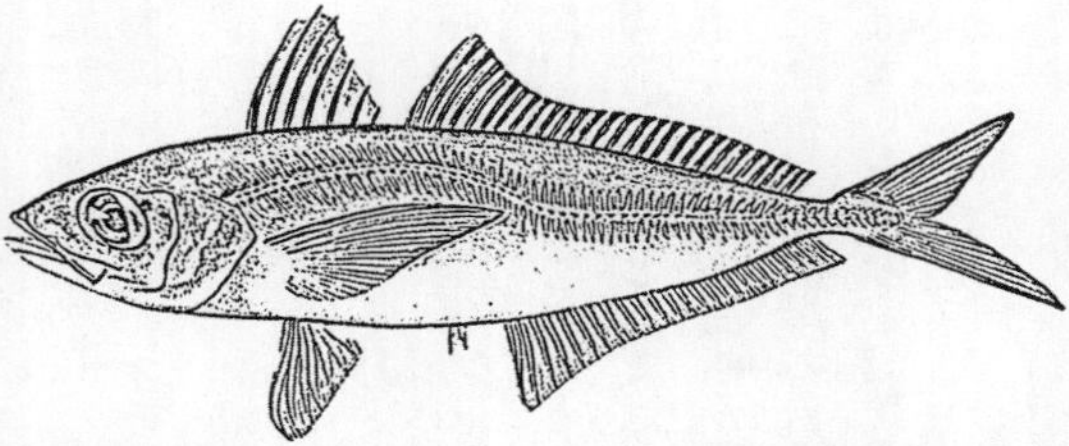

マアジ　全長30〜40センチメートル。日本では北海道から東シナ海まで広く生息。世界でも、太平洋、大西洋の温帯からインド洋におよぶ広域に分布している。

鯛《たい》

◆どうしてこんな字？

タイの語源は、「た（平ら）」「ひ（魚）」に由来しています。もともと骨が柔らかい魚のことであるタイを「鯛」に当てたのは、まんべんなく調和がとれて、どこでも（周=あまねく）見ることができる魚であるからです。

◆「たい」ってどんな魚？

一般にタイと呼ばれるのはマダイのこと。しかし、○○タイという名のつく魚は日本の周辺だけで200種以上にもなります。マダイの仲間以外で○○タイと呼ばれるのは「あやかりタイ」ということなのでしょう。タイの形の特徴としては、背ビレと尾ビレのトゲが著しく発達して硬く、上下の顎《あご》の内側に半球状の臼歯《きゅうし》が発達することです。マダイは北海道から朝鮮半島、台湾、中国に分布し、沿岸の岩礁《がんしょう》域周辺に生息します。「エビでタイを釣る」の諺《ことわざ》通り、タイはエビなどの甲殻類、イカ類、ゴカイなど様々な底生動物を食べます。丈夫な臼歯があるので硬い殻の貝類も食べます。

4～6月の産卵期には内湾に群来《くき》するので漁獲量も増え、体色も鮮やかになり「桜ダイ」と呼ばれて珍重されます。産卵直後は味が落ちますが、秋にはまた脂がのり「紅葉《もみじ》ダイ」と呼ばれます。

◆おいしい調理の仕方

姿、形、味が優れていることから魚の王様とも呼ばれるタイは、祝儀《しゅうぎ》用にもよく使われます。一般的に脂肪分は少ないのですが、グルタミン酸をはじめ各種アミノ酸がバランスよく含まれ、イノシン酸が蓄積されやすく損なわれにくいのが特徴です。白身は刺身や焼き物などどんな調理法にも合います。さらに皮は湯通しして酢の物に、中骨・頭はあら煮や潮汁《うしおじる》に、真子（卵巣《らんそう》）や白子（精巣）は椀ダネ等にと余すことなく利用できます。

またタイは瀬戸内産が一番美味だとされ、昔から「形は東京、味は関西」といわれています。味で落ちるせいか、東京の握り寿司ではタイよりもヒラメのほうが人気があります。

マダイは大きさによって味に差があり、俗に「目の下一尺」といわれる約40センチメートル、重さ1・5キログラムほどに成長した4年ものくらいがおいしいとされています。

◆ところ変われば呼び名も変わる

マダイ（一般）　ホンダイ（関西）　サクラダイ（桜の季節・瀬戸内海）　ムギワラダイ、ウキダイ（3～5月・播磨《はりま》灘《なだ》など）　モミジダイ（秋）

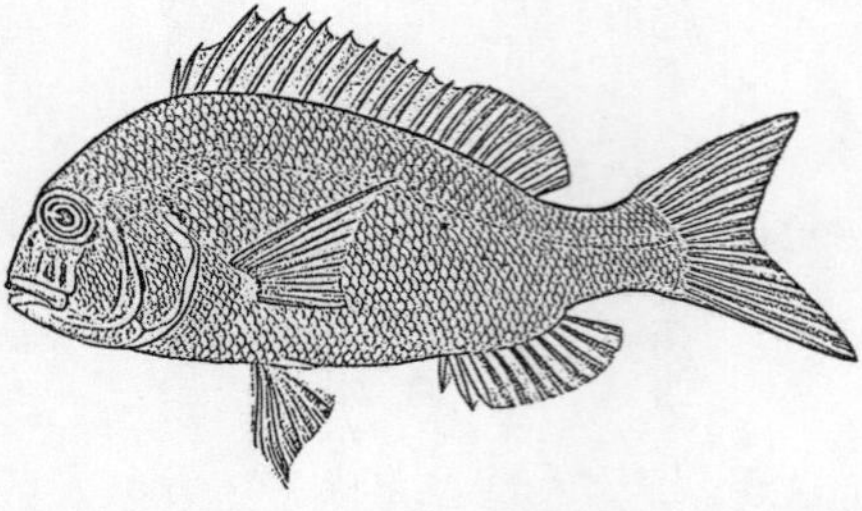

マダイ　全長40～100センチメートル。北海道から朝鮮半島、台湾、中国に分布する。

鰈《かれい》

◆どうしてこんな字？

鰈という字は「葉っぱのように平たい魚」という意味から来ています。中国の伝説には、カレイはもともと両面が黒かったのが二つに裂けたもので、目のあるほうが片身を探して泳いでいるという話があり、カレイの語源はこの片割魚（カタワレ―イオ）に由来しているという説も。別説では「唐《から》エヒ」がなまって「カレヒ」になったといわれています。

◆「かれい」ってどんな魚？

カレイは世界各地の寒帯から温帯にかけて広く分布し、浅海から深海までに生息します。幼魚のうちは海の中層を泳ぎ、両側に目がついています。成長するに従って体が平たくなり、両目が体の右側に寄り、目のある側を上にして海底生活をするようになります。カレイ類で好まれるのは、イシガレイ、マガレイ、マコガレイ、メイタガレイなど。特にヒラメに次ぐ高級魚で美味なのが、マツカワとホシガレイ。千島列島から茨城県沖に分布するマツカワは目のある側の体表がマツの樹皮のようにザラザラしていることからこの名前がつきました。体長は80センチメートルくらいで、メスはオスよりも大きくなりますが味はオスのほうがよいのが特徴。南日本を主産とし、ひれに丸い黒斑《くろふ》のあるホシガレイは、最近では漁獲量が少ないので養殖が試みられています。

◆おいしい調理の仕方

カレイ類は脂肪が少なく、味は淡白。体長2～3メートル、体重150キログラムにもなる大型種であるオヒョウの肝油はビタミンAの補給源として珍重されています。

カレイ類の塩干品として最高級品なのがヤナギムシカレイ。「若狭《わかさ》がれい」や「笹《ささ》がれい」の名前で売られています。子持ちガレイとして煮付けておいしいのはマガレイ。若狭湾産のひと塩の一夜干しでも有名です。カレイは一年中獲《と》れますが、一般的には冬場が旬《しゅん》と言われています。夏場でも比較的味が良いのがイシガレイ。また活《い》けものを買うときは、イシガレイ、マコガレイ、ホシガレイを選ぶと良いでしょう。鮮度のいいカレイは裏側の白い部分が純白に輝いています。とにかく元気の良いものを選びましょう。切り身では、身に透明感のあるものが新鮮です。

◆ところ変われば呼び名も変わる

ホシガレイ（一般）　ヤマブシガレイ、ヤイトガレイ、モンフガレイ（関西）

イシガレイ（一般）　イシモチガレイ（別称）　ゴソカレイ（別称）

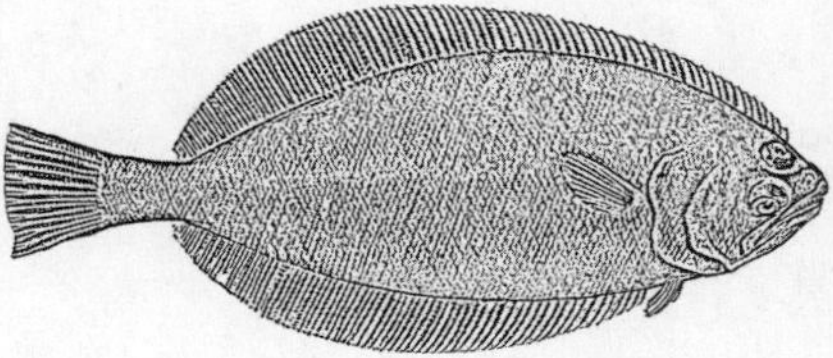

ホシガレイ　全長約40センチメートル。茨城から九州、朝鮮半島にかけて生息し、瀬戸内海産が最上とされる。

鱸　すずき

◆どうしてこんな字？

ロという読みを表す「盧」と「魚」へんとの組み合わせで出来ています。また「盧」は「ならぶ」という意味も表し、「えらの並び方に特徴のある魚」という意味です。また「スズキ」という名前の由来は、刺身にしたときの身の美しさからきています。「すすぎ洗いしたような」きれいな身をしているからです。

◆「すずき」ってどんな魚？

スズキ目は脊椎《せきつい》動物の中でも最多種類を数え、約８０００種が含まれます。マアジやカツオ、マダイ、サバ、カジキなどもスズキ目です。中部日本や西日本沿岸で主に漁獲されるスズキ。特に島根県の宍道湖《しんじこ》や瀬戸内海のものが上物として扱われます。

成長にあわせて名前が変わる「出世魚」のひとつとしてよく知られ、関東では一番小さいコッパから始まり、セイゴ（1年魚）→フッコ（2〜3年魚）→スズキ（成魚）となります。また、大きさによって生息場所が違います。セイゴ、フッコ時代には、河川に上ってきますが、スズキになると河口に近い沿岸に生息します。幼魚時代を河川で過ごすことから、河川の水の汚染による影響が少なくありません。セイゴ、フッコは不快な臭《にお》いと味を身肉にしみ込ませてしまうので、生食には向かなくなってしまうのです。

◆おいしい調理の仕方

濃厚な旨味のある白身で、秋から冬にかけて産卵するので旬は夏場。ほかの魚の味がおちる夏場でもおいしいので、夏の白身ダネとしては一級品です。スズキにはビタミンA・Dが豊富で成長するほど美味になりますが、産卵後は「枯れスズキ」といって脂が抜け、味が落ちます。

腹に子をもったものは腹太スズキとも呼ばれ、水でぬらした奉書紙に包んで焼き上げた「奉書焼き」は島根県松江の郷土料理にもなっています。ちなみに、スズキの皮は焼くと縮んではがれやすくなるので、焼く前に皮に二筋くらい切り目を入れておくと、焼き上がりが良くなります。スズキを買うときには、できるだけ太ったものを選びましょう。見分け方としては、体に厚みのあること、そして尾に近いところがふっくらしているものがよいでしょう。

◆ところ変われば呼び名も変わる

スズキ（一般）　オオマタ、ハネ、コッパ、ハクラ（15センチメートル以下）

セイ、セイゴ（1年）

マダカ、フッコ、チュウハン（2年）

オオタロウ、ニュウドウ、ヌリ（老成魚）

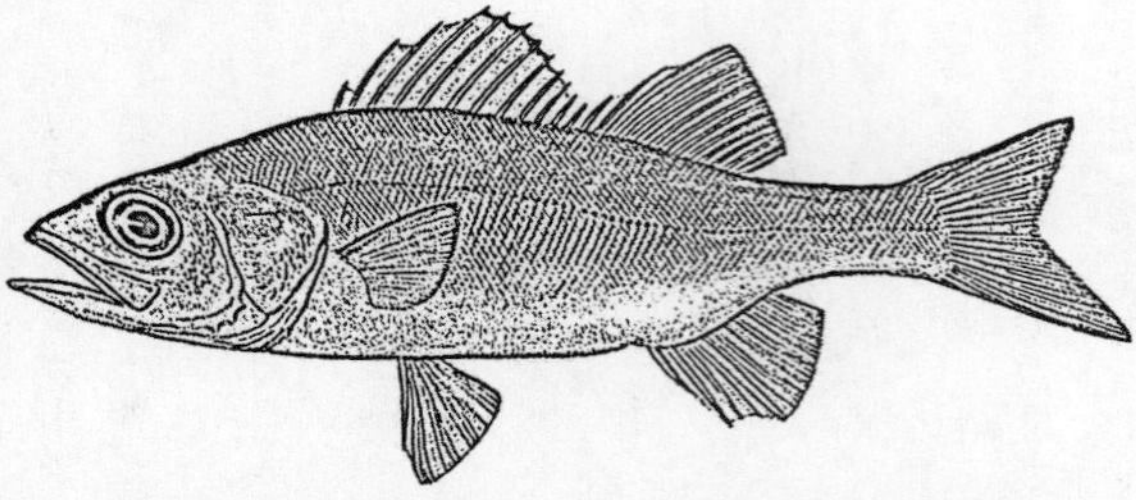

スズキ　全長1メートル。北海道から朝鮮半島を経て、台湾南方にまで分布している。

鮹《たこ》

◆どうしてこんな字？

タコはその姿から多股が語源だと言われています。タコは漢字で「蛸」とも書きますが、「蛸《たこ》」は本来はクモのことで、海に棲《す》むクモという意味から「海蛸子」と表され、それが省略されたものです。また「章魚」とも書かれます。

◆「たこ」って？

世界で250種、日本近海では60種ほどが知られているタコですが、食用となるのは主にマダコ、ミズダコ、イイダコの3種です。特にマダコは瀬戸内海の明石《あかし》沖で漁獲されるものが高価です。国産のものは消費量の十数%にすぎず、その他はアフリカから輸入されています。タコは夜行性でカニやエビを餌《えさ》とし、巣穴や手近な穴で食べます。この習性を利用したのが鮹壺《たこつぼ》漁です。

タコの産卵は夏で、その直前のものがおいしく、この頃のものを「梅雨ダコ」「麦わらダコ」と言います。タコは岩棚や巣穴に産卵しますが、その卵は海藤花《かいとうげ》と呼ばれ、酢の物や椀《わん》ダネなどで使われる珍味。一般的に鮮魚は活けもののほうが高いのですが、タコは茹《ゆ》でたもののほうが高価。これは茹でることで身がしまり、よりいっそう旨味が凝縮されるからです。

◆おいしい調理の仕方

タコにはアミノ酸の一種で血圧降下作用や善玉コレステロール値の増加、肝臓病の予防や治療に効果のあるタウリンが豊富に含まれています。また神経を休める働きをもつアセチルコリンも含んでいます。生ダコの新鮮なものは、吸盤がくっついてきます。また、少し叩《たた》いてみて身が赤くなるものは新鮮。体にねばりの出ているものは腐敗に近いものなので注意しましょう。茹でダコは、新鮮かどうかの見分けがつきにくいのが難点ですが、皮がはがれやすいのが古くなった証拠です。タコは茹ですぎると表皮がむけて見栄《みば》えが悪くなり、また身がかたくなってしまうことから、なま茹でで売られていることが多く食中毒を起こす原因にもなっています。国内産と輸入モノの見分け方の通説は、茹でたときに、吸盤の内側が白いものがアフリカ産、紅色のものが国産モノとされています。

◆ところ変われば呼び名も変わる

マダコ（一般）　アカシダコ（瀬戸内海）

マダコ　体長約60センチメートル。太平洋岸の宮城県、日本海側の新潟県以南の暖海に広く生息する。

鮑 あわび

◆どうしてこんな字？

つつむという意味を示す「包」という字との組み合わせで成り立ちます。この漢字は「腹を開いて塩漬けにした魚」を意味する言葉です。昔の読み方では、中古の時代には「アワビ」「ナマズ」「マス」、中世では「アワビ」「コノシロ」、近世には「アワビ」「シオウオ」と読まれました。

◆「あわび」って？

日本では、クロアワビ、エゾアワビ、マダカアワビ、メガイアワビなどをアワビと総称しています。アワビは岩礁地帯に棲《す》み、海藻を食べて生活します。寿司《すし》や刺身など生食に適しているのはクロアワビ。太平洋側では茨城県以南、日本海側では奥尻《おくしり》島から九州まで分布しています。殻はやや細く、足裏が黒くて、足の周りの突起が複雑な形態をしており、オンガイ（牡貝）とも呼ばれます。エゾアワビは北海道南部から東北地方に分布するもので、味はクロアワビに匹敵するほど美味。オンガイに対して、メガイ（牝貝）と呼ばれるメガイアワビは、殻はなだらかで体色が薄いもの。銚子《ちょうし》以南の太平洋岸と日本海岸、九州に分布しています。こちらは生食には適さず、寿司ダネとしては酒蒸ししたものが好まれます。中国料理では干しアワビとしても珍重されています。

◆おいしい調理の仕方

アワビには、魚肉に匹敵するたんぱく質が含まれますが、コラーゲン等の硬たんぱく質が多いため、肉は硬め。コリコリした食感や風味を楽しむ食品として珍重されています。アワビの内臓には日光に当たると毒化するクロロフィル誘導体が含まれており、特に春先の内臓を食べるのは避けたほうがよいでしょう。アワビは大きさで味が変わるというものではないので、大きな貝のほうがキロあたりの値段は安くなります。

アワビを買うときのポイントは、

（1）身が大きいもの。
（2）ヒレの小さいもの。
（3）身が盛り上がっているもの。

（4）貝殻の深いもの。

色は味とは関係ないので気にしなくてもいいでしょう。アワビの肉を薄く剝《む》いて乾燥させた熨斗《のし》は、日本では慶事のシンボルとして使われますが、現在では色紙をおった中にある黄色っぽくて細長い紙が熨斗の代わりに使われています。

◆ところ変われば呼び名も変わる

クロアワビ（一般）　オンガイ（別称）　クロガイ（別称）

メガイアワビ（一般）　メンガイ（別称）

クロアワビ　体長約20センチメートル。太平洋側の茨城県以南、日本海側の奥尻島から九州まで分布。

鮒 ふな

◆どうしてこんな字？

鮒のつくりの「付」の字には小さいという意味があります。鮒は小さい魚＝「フ－ナ」ということを表しています。またフナは鯽や鰤とも書き、鯽は「背びれを高くたてる」という意味でイカを指すこともあります。鰤は「背びれが高く盛り上がった魚」＝フナということを表します。

◆「ふな」ってどんな魚？

フナは日本各地の流れのゆるい川や浅い湖沼に生息する淡水魚。一般に、食用にするのは銀ブナ（真ブナ）で、ほとんどが天然ものです。

銀ブナには、オスはほとんど見られず、コイやドジョウなど他種の精子からも銀ブナが生まれるという、ちょっと変わった生態をしています。琵琶湖《びわこ》名物の「鮒ずし」に使われるのは、琵琶湖にのみ生息する煮頃ブナと琵琶湖・淀《よど》川水系を原産とする源五郎ブナ。冬のフナは「寒鮒」といい、脂《あぶら》がのっておいしいとされています。

フナは冬に半冬眠状態となり漁獲量が減るので珍重されます。あらいや刺身、煮付けや甘露煮などにして食されているフナですが、生食の場合は要注意。身肉に肝機能障害を引き起こす可能性のある「肝臓ジストマ」の幼虫がついていることがあります。

◆おいしい調理の仕方

フナ料理の代表的なメニュー「鮒ずし」は、煮頃ブナや源五郎ブナの子持ちメスを使った「なれずし」の一種。今から1300年程前に税として朝廷に特産物が献上されていた頃、滋賀、岐阜、熊本の3カ所からは「鮒ずし」が献上されていました。「なれずし」とは、紀元前から作られている穀物の発酵を利用した保存食品。東南アジアから日本に渡ってきて、九州、関東など各地へ広がっていきました。1～2カ月の間、塩漬けにしたフナを塩抜きし、ごはんと麹《こうじ》を混ぜたものとを層にして交互に重ね、2～3カ月、重石《おもし》をのせておきます。充分に発酵させたところで、フナだけを取り出して食べます。乳酸菌と酵母菌の発酵により各種ビタミンが多く含まれます。動物性たんぱく質も豊富で、整腸作用があります。

◆ところ変われば呼び名も変わる

ギンブナ（一般）　マブナ（関東）　ヒワラ（琵琶湖）

ゲンゴロウブナ（一般）　ヘラブナ（関東）　カワチブナ（関西）

ニゴロブナ（一般）　マルブナ（別称）　カンゾ（別称）

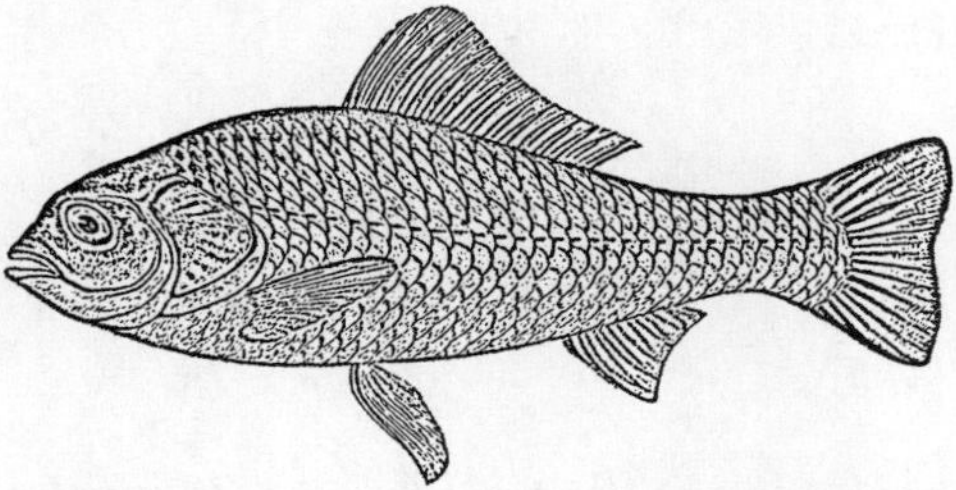

ギンブナ　全長約30センチメートル。日本全国に分布し、流れのゆるやかな川、浅い湖沼に生息する。

鯥《むつ》

◆どうしてこんな字？

本来、体は牛に似て、蛇の尾と、翼を持ち、陸に棲むという伝説上の怪魚を意味しています。音を表す「坴」の字は陸に通じ、陸に棲む怪魚で「鯥」の字が当てられました。日本では、「睦《むつ》」という字の連想から、魚へんのこの字がムツを表すようになりました。

◆「むつ」ってどんな魚？

ムツは北海道から南日本まで広く分布する魚。水深300〜500メートルの岩《がん》礁《しよう》域に棲んでいます。幼魚のときは内湾近くにいるのですが、成長するにつれて沖の深海へと移動していきます。深海に棲む魚だけに、目がとても大きいのが特徴。また口も大きい魚で、成長すると口の中が真っ黒になります。歯はのこぎり状で鋭く、満腹でも他の魚を襲うほど貪欲《どんよく》な性質を持っています。産卵期は夏で、産卵後は脂が抜けて味が極端に落ちてしまいます。ムツの卵巣《らんそう》は「ムツコ」と呼ばれ、タイの真子に匹敵するほどの美味。身よりも高く売られるほどです。ムツは全国各地、どこでも「ムツ」で通りますが、昔は宮城県仙台地方だけは「ロクノウオ」と呼びました。これは、仙台領主が「陸奥守《むつのかみ》」だったので、ムツという名を使うのを避けたためです。

◆おいしい調理の仕方

白身の極めておいしい魚。脂分が多いので、煮付けに一番適しており、かまぼこなどの練り製品の材料としても使われています。代表的な食べ方は煮付けですが、新鮮なものはぜひ生食で。旬《しゅん》は冬で、真冬のものは「寒ムツ」といって味がよく、脂がのっているわりには淡白な味です。ムツ独特のねっとりとした舌ざわりが味わえます。30センチメートル前後の若魚は脂が少ないので成魚の味には劣りますが、逆にこちらを好む人もいます。

ムツは捨てるところのない魚で、寿司ダネにする正身以外に、胃袋を除く内臓から頭、皮まで全部に一度さっと熱湯をかけて脂抜きをした後、甘辛く煮るとおいしいアラ煮ができます。15キログラムにもなる大物もいますが、大きすぎると身が筋っぽくなります。2～3キログラムのものがちょうどおいしい時。目が青く澄み、皮目に光沢があるものが新鮮です。

◆ところ変われば呼び名も変わる

ムツ（一般）　オキムツ（和歌山）　カラス（富山）　クルマチ、クルマツ（奄美《あまみ》、沖縄）　ツノクチ、ヒムツ、メバリ、モツ、ロクノウオ（東北）

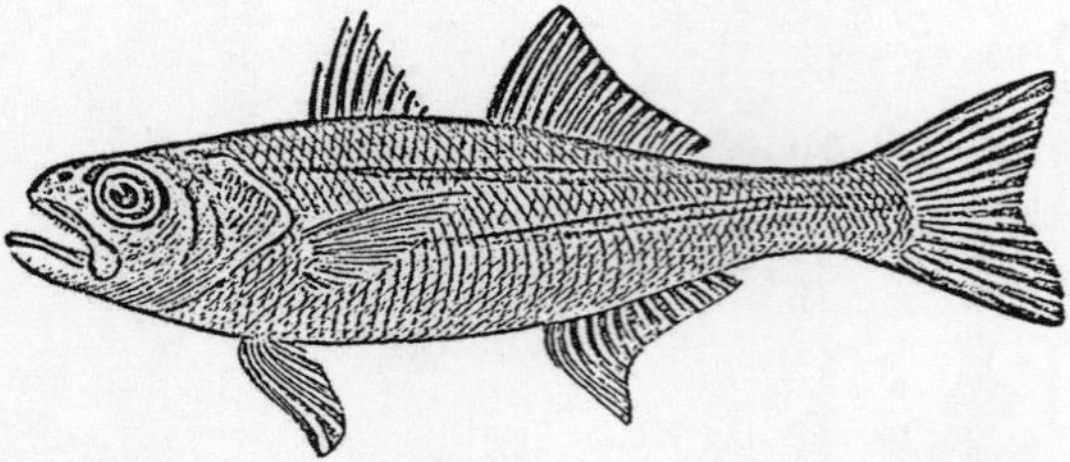

ムツ　全長約60センチメートル。太平洋岸の岩場に多く分布。青森産がよいとされている。

鰆《さわら》

◆どうしてこんな字？

晩秋から初春の産卵期に多く獲《と》れるので「春の魚」ということから鰆という字が当てられています。サワラは、体長が1メートルにも達する細長い体の魚で、腹の部分がとても狭いため、「狭い腹」↓「狭腹（さはら）」↓「さわら」となったという説もあります。

◆「さわら」ってどんな魚？

サワラも成長とともに名前の変わる出世魚のひとつ。体長40～50センチメートルの若魚を東京ではサゴチ、関西ではサゴシと呼びます。50～60センチメートルのものをヤナギ、成魚をサワラと呼びます。南日本の沖合で多く漁獲されるので、関西、四国、九州で食されることが多く、能登半島、瀬戸内海などが代表的漁場として知られています。また太平洋南部や地中海あたりにまで広く分布している魚です。産卵期は4～5月頃で、養殖はされておらず、年々漁獲量が減っているので高級魚として扱われてきています。肉味がもっともいいのはヨコシマサワラ。南アフリカや紅海、西太平洋沿岸と広く分布しています。次いでサワラ、ウシサワラの順。ウシサワラはサワラの中でも最大種で約2メートルにもなる大きな魚。中国からインドシナ半島にかけての沖合に分布し、多くが輸入されています。

◆おいしい調理の仕方

サワラは適度に脂ののった白身で、身がとても柔らかい魚。くせもなく上品な味です。しかし、寿司屋ではあまり重宝がられません。身には水分が多く、身くずれしやすいので扱いが難しいこと、身の色が灰色がかっていて冴《さ》えないこと等がその理由です。

サワラは「春の魚」と書くので、春の代表的な魚だと思われがちですが、サワラの旬は地域によって全く異なります。瀬戸内海では旬は春ですが、駿河《するが》湾など関東地方でおいしいのは秋以降。特に真冬の「寒ザワラ」は身がしまっていて絶品とされます。

他の魚と異なり、頭より尾のほうが味がよいのがサワラの特徴です。大阪では、酢じめにした「生ずし」が、サバの生ずしよりも上質として正月用の魚とされています。サワラの卵巣は塩漬けにして「からすみ」の代用にもされます。

◆ところ変われば呼び名も変わる

サワラ（一般）　カマチ（壱岐《いき》）　グッテリ（香川）　サーラ（愛媛、高知、沖縄）

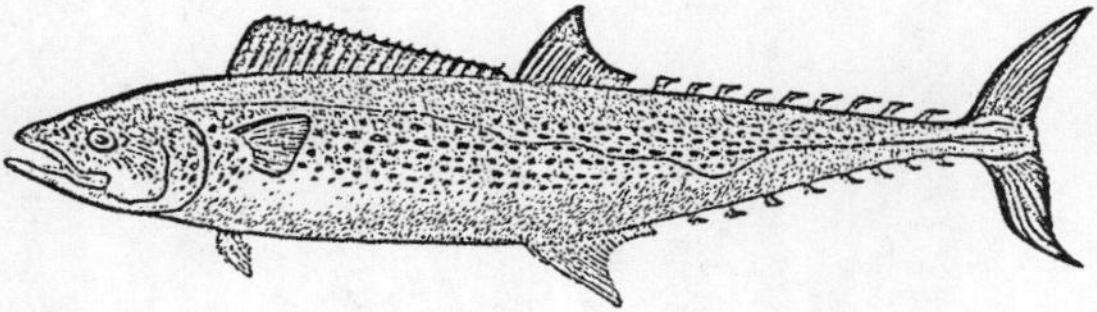

サワラ　全長約1メートル。北海道南部以南の日本各地の沿岸部に生息する。主産地は瀬戸内海。相模湾と房州産も珍重される。

鰤《ぶり》

◆どうしてこんな字？

鰤の「師」は年寄りの意味を表し、年をとった魚、老魚の意味があります。魚類中の先輩格でもあり、また冬は特においしいので「師走《しわす》の魚」ということも表しています。ブリの名の由来は、脂肪が多いところから「あぶら」→「ぶら」→「ぶり」となったという説、「古い魚」→「古《ふ》りたる魚」→「ぶり」とする説があります。

◆「ぶり」ってどんな魚？

「出世魚」の代表選手。稚魚から順に「モジャコ」「ツバス（ワカシ）」「ハマチ（イナダ）」「メジロ（ワラサ）」「ブリ」と呼び名が変わります。九州南沖の温帯で生まれたブリの子は群をなして北海道の南部にまで回遊し、秋に水温が下がると再び南の海に戻ります。ブリが成魚となる3才～4才の冬頃には体長1メートル、体重10キログラムほどに成長し、腹に卵を抱えて産卵のために南下します。これが「寒ブリ」と呼ばれる栄養の宝庫です。魚市では養殖したブリをハマチと呼び、天然モノと区別しています。

西日本では特にブリが好まれ、正月行事の料理にも大きな役割を果たしています。美味なブリとしては京都北部の伊根《いね》ブリや能登ブリ、氷見ブリ（越中ブリ）などがあげられます。北日本がサケ文化、東日本がマグロ文化であるなら、西日本はまさにブリ文化圏といえます。

◆おいしい調理の仕方

ブリは白身の魚で、天然モノは身がしまっていますが、養殖モノは太っていて脂っぽいのが特徴。成長過程でそれぞれ味わいが異なり、イナダやワラサは夏から秋。脂肪分が少ないので刺身や寿司《すし》によくあいます。ブリになると身がしまり、適度に脂肪がのるので刺身や焼き物に向きます。

「寒ブリ」は特に脂がよくのっているので、脂気をやわらげる調理として、塩焼きや照焼き、ぶり大根などにすると濃厚な旨味が味わえます。ブリの旨味は脂肪と多量のヒスチジンなどのエキス成分が関係し、たんぱく質、脂肪、ミネラル、ビタミンなどに富む栄養食品として昔から珍重されてきました。切り身の新鮮さを見分けるには、まず血合いを見ます。鮮度のいいものは血合いが鮮紅色で身にもつやがありますが、古くなると血合いが黒ずんできます。

◆ところ変われば呼び名も変わる

ブリ（一般）　アオ（東北）　アカンボオ（長崎、鹿児島、和歌山）　スベリ（鳥取）　ハナジロ（九州）　ツバス（兵庫）

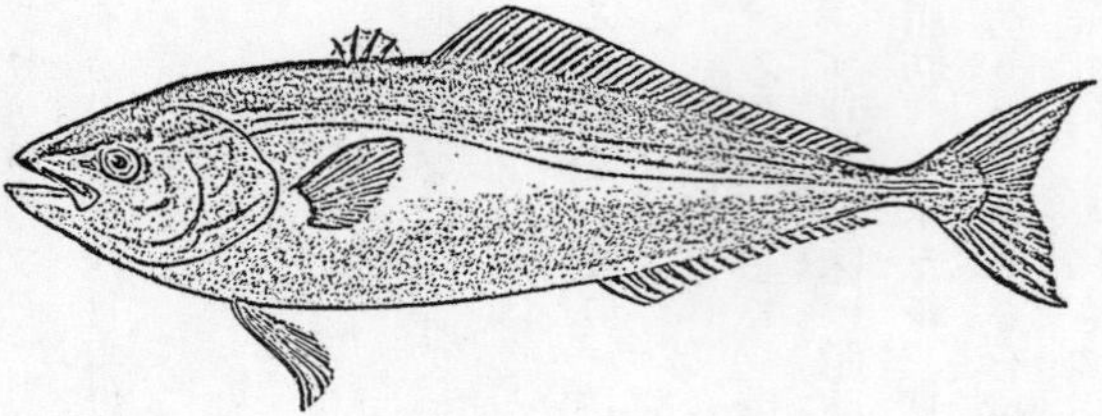

ブリ　全長約1メートル。北海道から南日本に分布。

鮭《さけ》

◆どうしてこんな字？

この漢字は本来「フグ」を意味します。漢字の成り立ちは、「圭」が「怒《いか》る」を表し、怒るとまりのように腹がふくれる魚＝フグとなりました。日本では「サケ」がこの字に当てられています。「サケ」の呼び名は、古く東日本で「スケ」と呼ばれていたものから転訛《てんか》したものです。

◆「さけ」ってどんな魚？

産卵のために生まれた川を一生懸命上ってくるサケ。上流にたどりつき産卵を終えるとまもなく力つきて死んでしまいます。サケは秋に川を上りますが、産卵期になり河口に近付いたサケは雌雄ともに体色が真っ赤、もしくは赤、黒、紫などが混じった「婚姻色」になります。川で獲《と》れる婚姻色の出たサケは味が極端に劣ります。これは川を上るとき、ほとんど餌を食べないからです。

一般にサケというとシロザケを指し、身はサケ類の中で最も白っぽく、東北、北海道からアラスカに至る北太平洋の寒流地域に生息します。サケ類の中でもっとも身の色が赤いのがベニザケ。北太平洋を回遊しますが、南限が北海道とカリフォルニアなので日本近海ではあまり獲れません。全長2メートルにもなるのがキングサーモン。日本名をマスノスケといいます。

◆おいしい調理の仕方

身の紅色は、ベニザケ、マスノスケ、シロザケの順で薄くなります。沖合や沿岸で獲れたものは脂がのり、旨味《うまみ》があるのですが、寄生虫がいる可能性があるので、生で食べる場合は注意しましょう。

最近では、ベニザケの薫製《くんせい》（スモークサーモン）を寿司ダネに使うところも増えました。サケはたんぱく質に富み、白身の魚より脂肪が多く含まれます。また、ビタミン、ミネラルを多く含み、特に皮にはビタミンB_2が豊富。皮ごと食べるとよいでしょう。「新巻《あらまき》ざけ」は、サケの腹を開いて内臓を取り出し、塩蔵加工したものを荒縄や粗むしろで巻いていたことから「あらまき」の名がついたそうです。

シロザケの産地、北海道では身やあらを使った「三平汁」や「石狩なべ」等が郷土料理。雄のサケの血合いと腎臓《じんぞう》を塩につけて3〜4年ねかせた「めふん」という塩辛も名産品です。

◆ところ変われば呼び名も変わる

シロザケ（一般）サケ、シャケ（東京）　アキアジ、トキシラズ（北海道）

ベニザケ（一般）ベニマス、ベニ、ベニジャケ

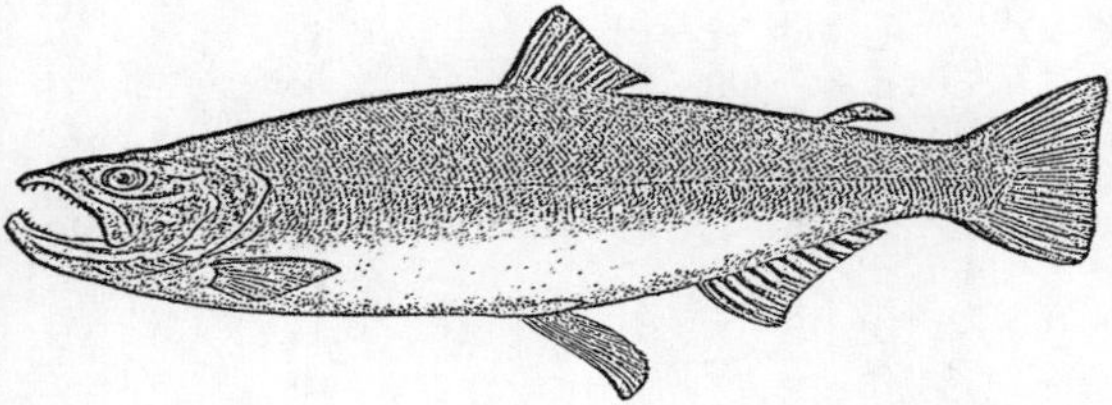

シロザケ　全長約1メートル。北海道からアラスカ、アメリカまでの北太平洋の寒流域に広く生息。

鱒 ます

◆どうしてこんな字？

音でソンと読み、音を表す「尊」との組み合わせで成り立ちます。また「尊」には「赤い」という意味があり、鱒は「赤い目の魚」を表し、コイ科の淡水魚でカワアカメや鮅魚、赤眼魚を意味します。また、鱒には「魚が泥に入る」という意味もあります。日本ではマスを指す漢字となっています。

◆「ます」ってどんな魚？

マスは、サケと同じように川を上る魚です。サケは秋に川を上るのに対し、春に川を上るのがマス。一般にマスと呼ばれるのは、北太平洋を回遊するカラフトマスで、現在、北洋漁業がさかんになり、サケ類の中では漁獲量が一番多いものです。昔は富山と青森が主産地となっていた「サクラマス」を指しましたが、現在では漁獲量が減り、カラフトマスをマスと呼ぶようになりました。ちなみにサクラマスが孵化《ふか》した後も海に下らず、川の上流に棲《す》むようになったものがヤマメです。ニジマスは天然モノはアラスカからカナダ、アメリカ西海岸に生息。日本へは1877年

（明治10年）から移殖され、各地の池や湖沼で養殖されています。体側にあるピンクの帯が虹色に輝くことからこの名前がつきました。新鮮なものほど、鮮やかな色をしています。

◆おいしい調理の仕方

カラフトマスは身の色が濃く、柔らかい肉質をしています。味はシロザケよりも劣り、市販の弁当や缶詰などに多く使われます。ちなみに、「サケ缶」の中身もマスのほうが多く使われています。

サクラマスは日本のサケ・マスの中では一番美味とされ、富山の「鱒ずし」はこのサクラマスが使われます。円い曲物の底に放射状に敷いた青笹《あおざさ》の上に、酢で洗ったサクラマスを隙間《すきま》なく並べ、その上に味付けしてさました飯を押さえながら入れます。これを交互に繰り返し、最後に底に敷いた笹を折り曲げて包みぶたとし、上から重石《おもし》をのせます。数時間押し付けると、マスの身と飯が適度に発酵して独特の風味が出てきます。ニジマスは、無機質のリンやカリウムの含有量が比較的多く、養殖魚で寄生虫の心配がないものは刺身などの生食にもなります。

◆ところ変われば呼び名も変わる

カラフトマス（一般）　マス、セッパリマス、ホンマス（北海道）

サクラマス（一般）　マス、ホンマス（関東）

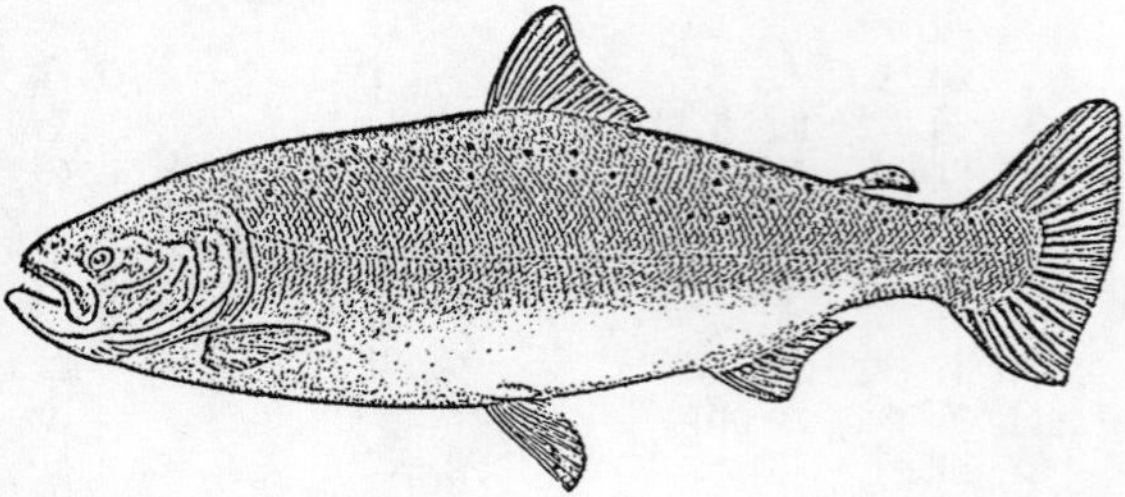

カラフトマス　全長60〜70センチメートル。北太平洋を回遊しながら生息する。

鯑 かずのこ

◆どうしてこんな字？

つくり「希」は「晞」の省略形。「晞」には「乾かす」という意味があり、ニシンの卵を乾燥させて作るカズノコの字に当てられました。東北地方でニシンのことを「カド」と呼び、カズノコは「カドの子」がなまったことからきています。いわゆる「数の子」は当て字です。

◆「かずのこ」って？

カズノコは、ニシンの卵巣《らんそう》から作られます。産卵期に漁獲したニシンの卵巣を塩水でよく洗ってから、塩蔵したり（塩漬けカズノコ）、乾燥させたり（乾燥カズノコ）したもの。ニシンのひと腹には平均5万粒もの卵があります。主産地は北海道ですが、最近はほとんどが輸入モノでカナダやロシア、ノルウェーなどから輸入されています。国産のカズノコは輸入モノよりも小粒で黄色が濃いのが特徴。値段もはるかに高くなります。

ちなみに、カズノコの名前はついているものの、しょうゆ漬けにして安く売られているものはニシンの卵巣ではないことが多いのでご注意を。カラフトシシャモの卵巣が使われている場合も多く見られます。もうひとつニシンの卵からできるのが「子持ちコンブ」。海で産卵されたニシンの卵には粘着力があり、コンブに付着したものが子持ちコンブと呼ばれています。

◆おいしい調理の仕方

「数の子」を子孫繁栄の意味にとり、正月や結婚などのお祝い事のごちそうにも用いられるカズノコ。塩漬けのものは一昼夜ほど水につけて塩抜きしてから調理します。乾燥カズノコは米のとぎ汁に2～3日間つけて戻してから使うようにしましょう。

一般に魚の卵には、たんぱく質やビタミン、ミネラルが多く含まれており、親の魚より栄養があるとさえいわれています。また、コリコリとした特有の歯ごたえと潮の風味を楽しむこともできます。史実では、室町幕府十三代将軍足利義輝《あしかがよしてる》が美味なるものとして、カズノコを食べている記録があります。また江戸時代には一皿のカズノコ料理が五百文。当時の宿泊代が二百文だったそうですので、昔もカズノコは高価なものだったことがわかります。

鯖《さば》

◆どうしてこんな字？

本来、魚や鳥獣の肉などを混ぜて煮た料理の名前。また、淡水魚の一種を指した字でもありました。青々とした「サバ」を表すのにふさわしいことからサバにこの字が当てられました。またサバの語源は、『大和本草《やまとほんぞう》』という資料に「此《この》魚牙小ナリ。故《ゆえ》ニサハ（狭歯）ト云《いう》。」とあり、「狭歯《さば》」→「サバ」となったといわれています。

◆「さば」ってどんな魚？

一般に、サバと呼ばれる魚はマサバとゴマサバの2種類を指します。マサバは背側に青黒色の縞《しま》模様があり、腹側は銀白色。ゴマサバはマサバと似ていますが、腹側に小さい黒斑点《はんてん》があるのでわかります。マサバは最も広い分布域を示し、世界中の温暖海域に生息しています。ゴマサバはマサバより暖海性が強くなります。最近では、輸入魚のニシマサバも含まれます。日本近海で、マサバ、ゴマサバの漁獲量が減少したことにより、大量に輸入されるようになりました。北大西洋の沿岸から沖合に生息。ニシマサバは背中のまだら模様が単純で、浮き袋をもっていないことから区別できます。サバは、産卵や餌を求めて回遊するほか、越冬のため適温水にのって広い範囲を季節的に南北に移動。大群で回遊するので、巻網、定置網などで捕獲されます。

◆おいしい調理の仕方

日本近海での産卵期は3〜8月。マサバは産卵後の夏は味がおち、たっぷりと脂《あぶら》がのる秋が旬《しゅん》。ゴマサバは夏に脂がのるので、季節によって使い分けるとよいでしょう。新鮮なものは生食でもいけますが、一般には酢でしめた「しめさば」や「さばずし」が有名。サバの「姿ずし」は、腹開きにしたサバに塩をして酢でしめて飯をつめ、重石《おもし》をして作ります。「サバの生き腐れ」といわれるように、非常に腐敗のすすみ方が速い魚です。サバの身にはアミノ酸の一種ヒスチジンが多く、鮮度が落ちると酵素によってヒスタミンに変化します。これがじんましん等のアレルギーの原因となるのです。しかし、他にリジンやグルタミン酸、イノシン酸などの旨味《うまみ》成分を多く含むほか、ＥＰＡやＤＨＡという脂肪酸が多く、心筋梗塞《こうそく》、脳梗塞などの成人病予防にも効果があります。

◆ところ変われば呼び名も変わる

マサバ（一般）　ホンサバ（各地）　ヒラサバ（静岡、兵庫、高知、九州西南部）　ソコサバ（島根）

ゴマサバ（一般）　マルサバ（静岡、兵庫、高知、九州西南部）　ウキサバ（島根）

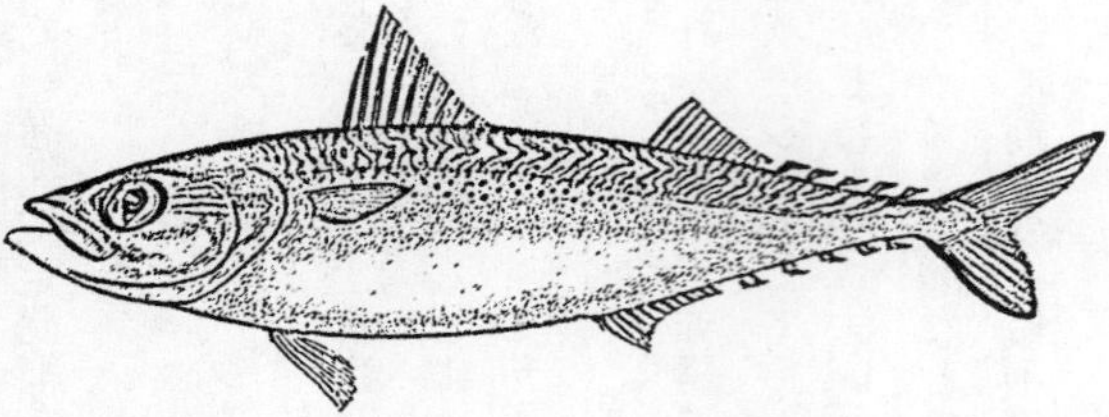

マサバ　全長約50センチメートル。世界中の温帯海域に広く分布。

鯉《こい》

◆どうしてこんな字？

つくり「里」には「ウロコ」や「筋」の意味があり、コイがウロコが発達して筋目がはっきり見える魚だったので、この字が当てられました。コイの語源には諸説ありますが「コイ＝恋」という説があり、その昔、景行《けいこう》天皇が池にコイを放して絶世の美女の関心を引き、その美女をものにしたという伝説から「コヒ」と呼ぶようになったといわれています。

◆「こい」ってどんな魚？

コイは、ユーラシア大陸の温帯域に広く分布し、山間部と渓流を除き、全国各地の川や湖、沼に生息しています。天然モノの主産地は利根《とね》川が名高いのですが、最近はウナギ、ニジマス、アユについで養殖量が多くなっています。養殖では長野の佐久《さく》地方が評価が高く、他に福島、群馬、岐阜、福岡などがよく知られています。神社の供物《くもつ》や祝儀《しゅうぎ》の宴会などでも古くから親しまれているコイ。「龍《りゅう》になる魚」ともいわれますが、これは中国の伝説からきています。黄河の上流部に三門峡という滝があって、どんな魚も上ることができなかったのですが、唯一《ゆいいつ》コイだけが上ったので、神通力を得て龍になったといわれています。堂々たる姿の美しさもさることながら、寿命は十数年にも及び、水の外に出てもすぐには死なない生命力とあわせて淡水魚の王者にふさわしい魚です。

◆おいしい調理の仕方

コイは、たんぱく質、脂質、無機質、そしてビタミン類も豊富に含む栄養的に優れた魚で、江戸時代まではタイ以上の高級魚でした。食用には主にマゴイを改良した大和ゴイが主流。清水に放して腹の中のものをはき出させた後、生きたものをしめて使います。コイは必ず活《い》けもの、それも生きのよいものを買いましょう。死ぬとすぐに生臭くなり、死んだコイはタダでも買い手がつかないといわれるほどです。また料理をするときの注意点は、「ニガ玉」をつぶさないようにすること。「ニガ玉」とは暗緑色で大豆に似た形をした内臓です。「胆のう」のことで、胸ビレを広げた真下あたりにあります。これをつぶしてしまうと、身までにがくなって食べられなくなります。

コイは産卵期は味がおち、厳冬期に脂がのっておいしくなるので「寒ゴイ」といわれています。

◆ところ変われば呼び名も変わる

コイ（一般）　アカクチ（久留米《くるめ》）　クイユ（沖縄）　サラサ（長野）　ナメイ、ナメリ（筑後川《ちくご》）　ヤマトゴイ（滋賀）

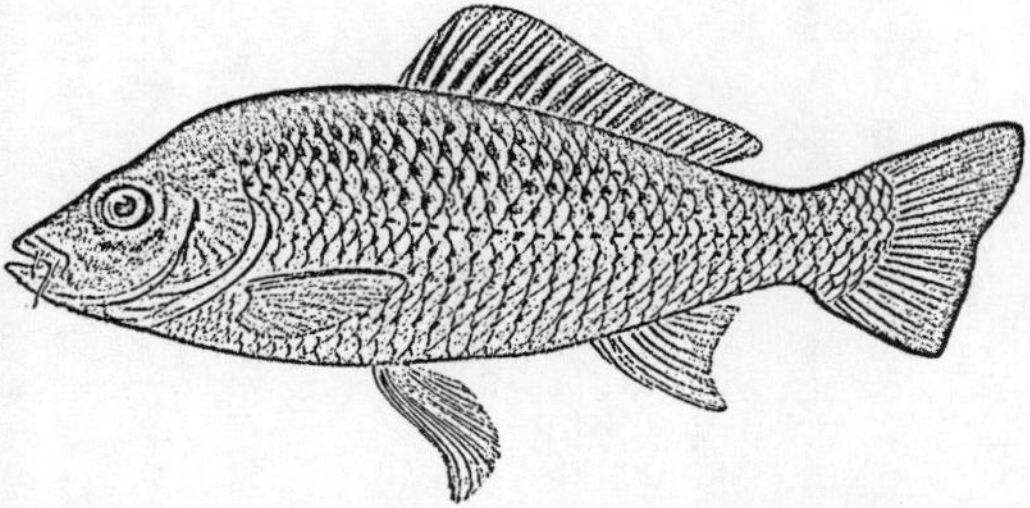

コイ　全長約1メートル。山間部と渓流を除き、全国各地の川や湖、沼に生息する。

鰻《うなぎ》

◆どうしてこんな字？

つくりの字は、「ほそながい」「長くのびる」という意味で、細長い魚であるウナギを表す字に当てられています。またウナギは、胸の部分が黄色いことから「胸黄《むなぎ》」と呼ばれて、それがウナギとなりました。

◆「うなぎ」ってどんな魚？

日本で見られるウナギは、日本全土をはじめ、朝鮮半島、中国南部から台湾、フィリピンにまで広く分布しています。その体は円筒形で腹ビレやウロコは退化ぎみで目立たないのが特徴。体全体を蛇行させて泳いだり、砂にもぐったりもします。

日本産のウナギの産卵場所は、沖縄南方と南シナ海の二説がありますが、卵からかえったウナギの仔魚《しぎょ》は、体が薄く透明で、柳の葉のような形「レプトセファルス幼生」と呼ばれる成長段階を経ます。これは他の魚にはない珍しい特性です。沿岸に流れ着いたこの幼生は変態してシラスウナギになり、川をさかのぼってエビ、カニなどの小動物を食べ成長しながらその後、海へと下っていき産卵します。

市場に出回るもののほとんどが静岡、愛知、四国、九州で養殖されたものですが、養殖される稚魚はすべて天然で採取したものが使われます。

◆おいしい調理の仕方

日本では江戸時代から、土用の丑《うし》の日にウナギを食べる風習がありますが、これは夏バテ防止として理にかなっています。というのも、ウナギの身や肝臓には多量のビタミンA・B_1・B_2などが含まれるからです。ウナギのキモ（肝臓）約10グラム、蒲焼《かばや》き約40グラムで成人1日のビタミンA所要量を満たすことができるほどです。ちなみにウナギの名をもつヤツメウナギは、ウナギとは別種ですが、ビタミンAはウナギの5倍で、すべての食品中でも最も豊富となっています。

脂がのっておいしいのは、重さが１５０グラムくらいの中型の大きさのウナギ。それ以上になると大味になってしまいます。

ウナギは関東では背開き、関西では腹開きにします。また、蒲焼きにするときにも、関東では蒸してからタレをつけて焼き、関西では直接タレをつけて焼くという違いがあります。

◆ところ変われば呼び名も変わる

ウナギ（一般）　アオ（東京）　スベラ（長野）
マウオ（岡山）

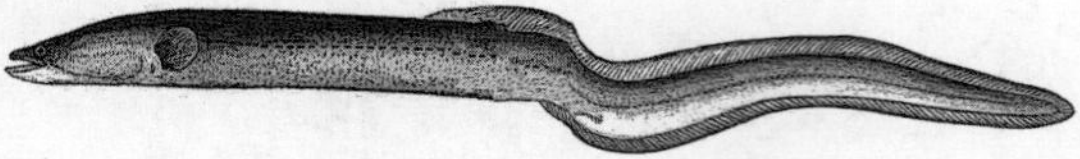

ウナギ　全長約50〜90センチメートル。日本全土をはじめ、朝鮮半島、中国南部から台湾、フィリピンにまで広く分布。

鯨《くじら》

◆どうしてこんな字？

つくりに使われる「京」の字には「高い丘」という意味があります。丘のように高くて大きな魚ということから、クジラを意味する漢字となっています。クジラの体表の色は黒いものが多く、その中の肉は白色のものが多いので、「黒《くろ》」と「白《しろ》」をつなげていい、それがなまって「クジラ」と呼ぶようになりました。

◆「くじら」って？

クジラは海に棲《す》む哺乳類《ほにゅう》で、ヒゲクジラ類とハクジラ類に大別されます。ヒゲクジラは、歯が退化してなくなり、かわりに歯グキの皮膚が特殊に発達した「くじらひげ」で海中のプランクトンをこして食べます。ハクジラ類は、その名の通り鋭い歯で魚やイカなどを捕まえて食べています。肉質は、ヒゲクジラ類のほうが色も味もよく、ハクジラ類は黒ずんで味も劣ります。

日本では縄文時代からクジラを獲《と》り、そのすべてを利用する世界でも珍しい鯨食文化を作ってきました。しかし絶滅のおそれから１９８６年以降、ＩＷＣ（国際捕鯨委員会）の決議により調査捕鯨や原住民生存捕鯨を除き商業捕鯨は停止されています。現在、日本の捕鯨は南氷洋と北太平洋でのミンククジラの調査捕鯨と規制対象外のツチクジラなど沿岸小型捕鯨となり、入手困難な食材となっています。

◆おいしい調理の仕方

日本人の鯨食文化は「捨てるところがない」といわれるほど。皮、肉、内臓、そして口から尾ビレまでを素材として、それぞれを活かした食べ方をしてきました。また脂肪は食用のほかに薬用や工業用に、骨は細工物や粉末に加工して利用してきました。クジラの尾肉が霜降り状になったものは「尾の身」と呼び、鯨肉の最高級品。刺身やステーキに向いています。「赤肉」は背肉や腹肉の部分で、刺身や焼肉として食べられます。「畝《うね》・須《す》の子」は下あごから腹にかけてのデコボコの部分。ベーコンなどに加工され、これを寿司《すし》ダネに使うお店もあります。

ミンククジラは肉質は悪くないのですが黒ずんでいて、昔は食用として重要視されませんでした。ツチクジラは、江戸時代初期から捕獲され、千葉県では「たれ」と呼ばれる塩干し肉に加工されています。

◆ところ変われば呼び名も変わる

ミンククジラ（一般）　コイワシクジラ（別称）

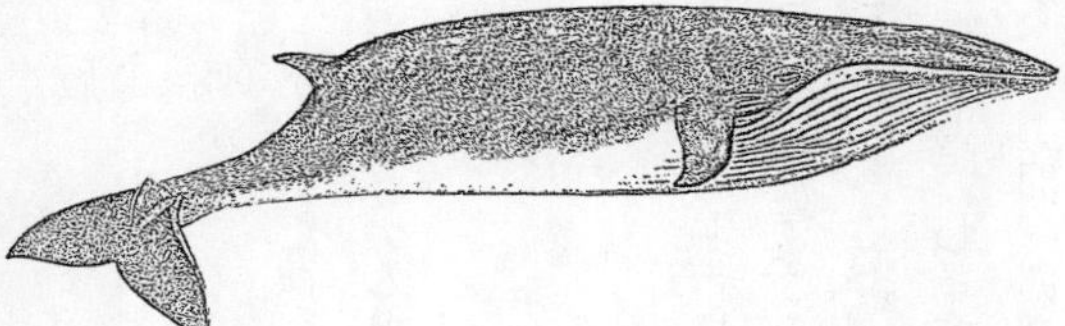

ミンククジラ　全長約10メートル。南北両半球の極海から熱帯までの広い海域に生息する。

鯒 こち

◆どうしてこんな字？

字の成り立ちについては二説あり、コチの姿がつくりの甬《ヨウ》の形に似ているからという説と、甬が鐘の柄《え》を意味し、鐘の柄のような形の魚だからという説があります。コチの名は、骨が硬いので骨（コツ）と呼ばれ、それがなまってコチになったとか。また神官がもつ笏《しゃく》に形が似ているので、笏（コツ）→コチになったといわれています。

◆「こち」ってどんな魚？

コチは千葉県、新潟県以南の各地、南太平洋、インド洋の熱帯から温帯にかけて分布する、ちょっと体に特徴のある魚。カレイを細長く引き延ばしたような体で腹面がへん平となった形をしています。頭が大きく、目は上を向いているような顔つきです。海底の泥まじりの砂地を好み、冬は水深の浅いところで過ごします。

コチの旬は夏。4〜7月に沿岸に近づき産卵するのですが、冬の間、あまり餌も食べないで海底にじっとしていたコチが春先から餌を食べはじめ、7〜8月に脂がのるので、この時期が特に美味。

日本各地にはメゴチと呼ばれる魚が何種類かいますが、これはコチの近縁種ネズッポ科の魚です。関東ではネズッポ、ネズミゴチ、トビヌメリなどを、和歌山、兵庫、広島等ではイネゴチをメゴチと呼んでいます。メゴチはどれも小さめの魚なので、天ぷらで食される場合が多くなっています。

◆おいしい調理の仕方

コチは見た目によらず、すこぶる美味な白身でよくしまり、歯ごたえがあります。フグと味わいが似ているので、よく3月いっぱいで旬の終わるフグをおしみ、その代用品として使われてきました。「秋茄子《なす》は嫁に食わすな」の反対で「コチの頭は嫁に食わせろ」という諺《ことわざ》があります。これは、コチの頭には肉が少ししかないことからきています。特に夏は味がよく、薄造りやあらいにするのが最適です。痩《や》せているコチはあまりおいしくないので、小型でもぷっくり太ったものを選びましょう。また天ぷら屋などによくあるメゴチのひとつ、ネズッポはノドクサリとも呼ばれます。のどから腐り始めるのでこの名前がつきました。ネズッポは大きくても25センチメートルくらいにしかならず、コチにはウロコがありますがメゴチにはないので区別ができます。

◆ところ変われば呼び名も変わる

コチ（一般）　ガラゴチ（瀬戸内海）　マゴチ、ホンゴチ

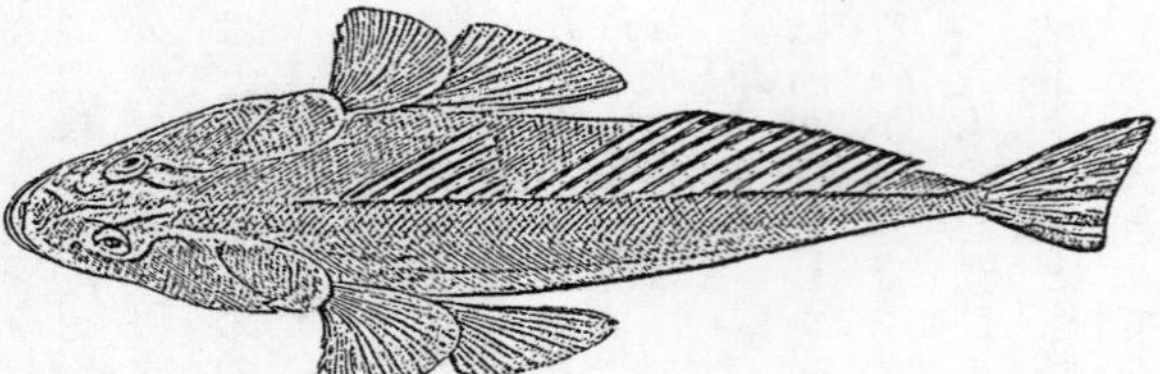

コチ　全長45〜50センチメートル。千葉県、新潟県以南の各地、南太平洋、インド洋の熱帯から温帯にかけて分布する。

鱧《はも》

◆どうしてこんな字？

つくり「豊」には、「まがりくねる」という意味と「黒い」という意味があります。くねくねと曲がりくねった黒い色の魚ということからハモの漢字となりました。ハモの古名は「ハム」で、蛇類の総称「ハミ」と同語源。口に鋭い歯を持ち人や動物などにかみつくことから「ものを口にくわえる」という意味の「ハム」が語源となり、ハモとなっていきました。

◆「はも」ってどんな魚？

ハモは、ウナギと同じように円筒形で長い魚ですが、より凶暴な顔つきです。前方の歯が鋭い犬歯状で、獰猛《どうもう》な肉食です。小魚や甲殻類、イカ、タコなどをむさぼり食います。また体の後方の上下に細いヒレがあり、これが黒く縁取られています。ウナギやアナゴにはこの縁取りはありません。

本州中部以南に生息し、瀬戸内海、九州、四国が主産地。最近では韓国や香港《ホンコン》からも輸入されています。一般に輸入モノは味が落ちる傾向がありますが、ハモはあまり味に変わりはありません。

ハモはマハモのほかに、俗に「トウヘイ」と呼ばれるスズハモが安価で多く出回っています。スズハモは関西地方ではハモと同様に珍重されますが、ハモよりも大味で練り製品などの原料にもされています。青森県以南、西太平洋からインド洋の暖海に分布し、大陸棚の砂泥《さでい》地に棲みます。

◆おいしい調理の仕方

ハモは「梅雨の雨を飲んでおいしくなる」といわれ、6～7月の梅雨明け時期には脂《あぶら》がのり、すこぶるおいしくなります。カルシウムやビタミンAが多く、特にビタミンAはウナギほどではありませんが、一般の魚の100倍近く含まれています。小骨が多いので、皮を切らないように細かく包丁目を入れる「骨切り」をしてから調理されます。

ハモは、関東よりも関西地方でよく食べられます。特に夏祭りには欠かせないもので、京都の祇園《ぎおん》祭のハモ料理は有名。ハモは少しでも水があれば生き延びます。また切り落とされて頭だけになってもかみつくことがあるほどです。こんなに生命力の強い魚なので、京都のように海から遠いところでも十分活《い》けで食べられたことが、ハモ料理が盛んになった理由です。

◆ところ変われば呼び名も変わる

ハモ（一般）　ハム（関西）　ハミ（富山）
バッタモ（京都）

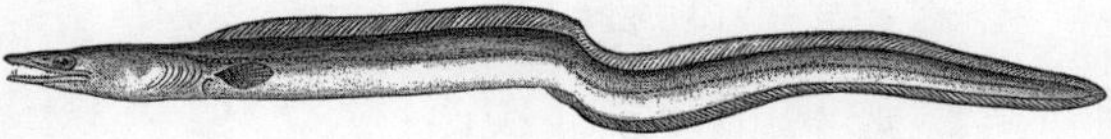

ハモ　全長約2メートル。青森県以南、西太平洋からインド洋の沿岸に近い暖海域に分布。

鯯《さっぱ》

◆どうしてこんな字?

魚を意味するへんに音読みがセイの「制」を組み合わせて成り立っています。また「鯯」はコノシロを意味する漢字でもあり、サッパと区別するべきだという意見もあります。サッパには拶双魚という字も当てられます。

◆「さっぱ」ってどんな魚?

サッパはイワシ類の仲間。その中ではウロコがおちにくく、腹の縁が薄いことが特徴です。コノシロとよく似た魚ですが、背ビレの終わりにアンテナのように伸びた糸状のものがあるのがコノシロ、アンテナがないのがサッパなので、それで区別できます。

サッパは本州からフィリピンにかけて広く分布しています。また内湾を好むことから瀬戸内海ではよく獲れ、特に岡山県が漁獲量も多く本場とされ、ママカリと呼ばれる名物魚となっています。

背側の青色と腹側の銀白色が比較的くっきりと分かれているので、一見美しいのですが、腹側のまわりのウロコが硬く、全体的に両側から押しつけたようにつっぱった感じのある魚です。大阪や高知地方ではハラカタという方言で呼ばれていますが、その由来にもなっています。

◆おいしい調理の仕方

サッパは岡山の方言では「ママカリ」と呼ばれます。漁師がはじめてこの魚をおかずに飯を食べたら、あまりの旨《うま》さに自分たちの船の飯を食べつくし、それでも足りず隣の船から飯を借りて食べたので「飯借り」＝ママカリという名がついたということです。またサッパの頭と内臓、ウロコをとり、薄く塩をして酢漬けにした料理も「ママカリ」といわれています。このママカリを光りダネとして握ったのが、岡山名物のママカリ寿司で、郷土料理としても人気があります。ところが、関東ではサッパの人気はいまひとつ。同じニシン科のコハダ（コノシロの若魚）は寿司ダネになるのに、サッパは魚屋で売られないだけでなく、釣場で釣れても「カモメの餌だ！」と置き去りにされるとか。小骨が多いのが嫌われる原因のようです。

◆ところ変われば呼び名も変わる

サッパ（一般）　ママカリ（岡山）
ハラカタ（大阪、高知）　ハンダ（愛知）

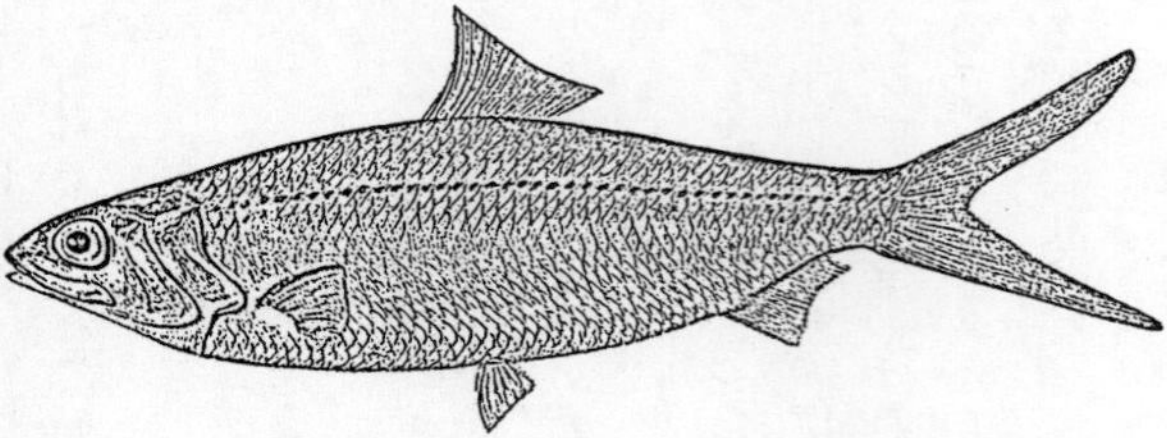

サッパ　全長約20センチメートル。本州からフィリピンにかけて分布する。

鰕《えび》

◆どうしてこんな字？

エビは一般には「海老」と書くことが多いのですが、魚へんの漢字もちゃんとあります。つくりには「からだを曲げる」という意味があり、体を曲げている魚＝エビとなりました。また「海老」の表記も茹《ゆ》でると体が老人のように丸くなることからきています。

◆「えび」って？

エビは本当に種類が多く世界では約３０００種もいます。食用で代表的なものを挙げると、クルマエビ科、タラバエビ科、イセエビ科に分けられます。クルマエビは食用エビの中でも最高級品。味も姿もよいこのエビは、東南アジアからインド洋沿岸の各国に広く分布。最近は紅海や地中海東部まで広がっています。また、多くの種類が養殖され、特にアジア各国で養殖されるクルマエビ科のブラックタイガーは人気。日本でも養殖されていましたが、体色がクルマエビの鮮度が落ちたような濃い灰黒色で、最初は売れ行きがよくなかったそうです。しかし加熱後は鮮やかな赤褐色になることと外国から安く輸入されるようになり、人気が出るようになりました。

タラバエビ科のボタンエビは全長20センチメートルもある甘エビ。まず雄として成熟し後に雌になるという性転換をするエビです。

◆おいしい調理の仕方

クルマエビの成分は、高たんぱくで低脂肪。エビには魚とは違った特有の旨味がありますが、これは「ベタイン」や「アルギニン」という旨味成分を多く含むため。活けもののクルマエビは晩秋から冬に旨味を増しますが、それは、この時期に甘味を出す遊離アミノ酸「グリシン」の含有量が最高になるからです。

昔から最高級の寿司《すし》ダネだったクルマエビ。15センチメートル前後がふつうで「中マキ」と呼び、寿司ダネによく使われます。体長18〜20センチメートルほどを「マキ」、6センチメートルほどを「サイマキ」と呼びます。体重が100グラムにもなる「大グルマ」は、生きたまま焼く「残酷焼き」に。

エビは頭から傷《いた》み出すので、冷凍にする場合も頭を落とします。逆に、頭のついているものは、新鮮なうちに冷凍された証拠になります。次に尾が黒くなりますが、薬品で色止めしている場合もあるので注意しましょう。

◆ところ変われば呼び名も変わる

クルマエビ（一般）　ホンエビ、マエビ、マダラエビ

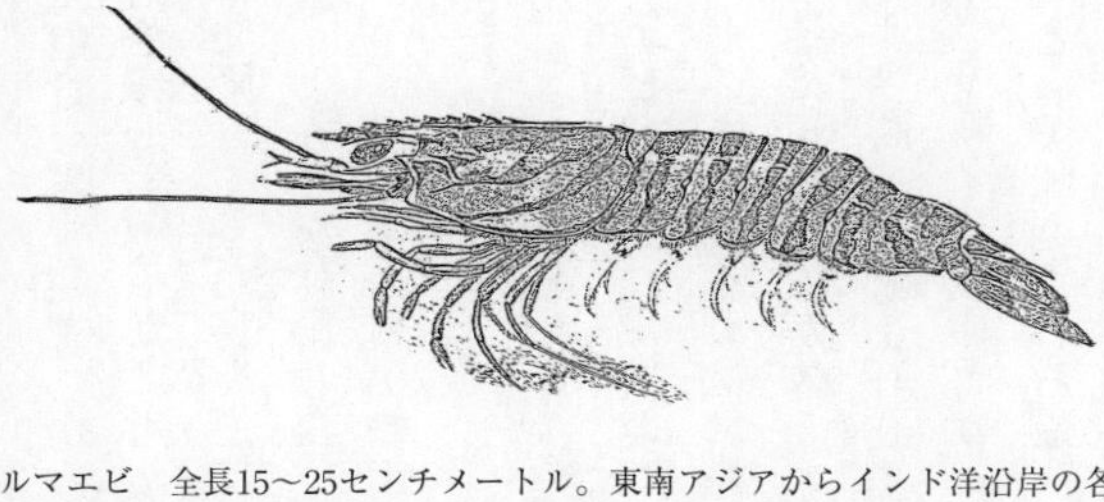

クルマエビ　全長15〜25センチメートル。東南アジアからインド洋沿岸の各国に広く分布。最近は紅海や地中海東部にまで広がっている。

鱿《いか》

◆どうしてこんな字？

音で「ユウ」と読み、魚へんと「ユウ」の音を表す「尤」から成り立っています。イカはふつう烏賊と表記されます。イカは死んだふりをして水面を漂い、これを捕ろうと舞い降りてきた烏《からす》を逆に捕まえて食べたという伝説から「烏賊」と書くようになりました。しかし、実際にイカにはカラスのような鳥を食べる習性はありません。

◆「いか」って？

日本人はイカが大好き。日本におけるイカの輸入量は、エビ、マグロに次いで3位で、アルゼンチンやニュージーランドから多く輸入されています。イカはスルメイカ類、ヤリイカ類、コウイカ類に分類されます。スルメイカ類の代表がスルメイカ。日本近海に広く分布し、産地は青森、相模湾が有名です。時速50〜100キロメートルで泳ぎ、10メートルも飛び跳ねることがあります。ヤリイカ類のヤリイカは、先がヤリのようにとがっています。イカの中ではもっとも美味とされる最高級品のアオリイカもヤリイカの仲間。ヤリイカは西日本で多く獲《と》れ、アオリイカは、北海道南部を北限に日本近海に広く分布しています。コウイカ類は、だ円形の胴の中に硬い甲があるのが特徴。同類のカミナリイカは最近では激減し、築地市場でも年に数えるほどしか入荷されない貴重種となっています。

◆おいしい調理の仕方

イカには甘味成分のアミノ酸が多いほか、コレステロールを下げるタウリンが豊富に含まれています。また内臓ごと食べるホタルイカにはビタミンAが多量に含まれています。ヤリイカは身はやわらかく甘味があり、春先の子持ちは特に美味。鮮度が落ちると目が身の中に埋もれてしまい、黒目が濁ってきます。

最高級品のアオリイカは甘味が特に強く、肉厚で歯ざわりもよい絶品。イカそうめんやイカ刺しにするときは、繊維に直角に切りましょう。繊維にそって切ると固くて食べにくくなってしまいます。一般にイカは、海の中では内臓が見えるほど透き通っていますが、水から揚げると褐色から黄色っぽい色→乳白色→ピンク→赤紫と変色していきます。冷凍モノでも、茶褐色のものは新鮮なうちに冷凍されたものですが、ピンクや赤紫色のものは古いので注意しましょう。

◆ところ変われば呼び名も変わる

ヤリイカ（一般）　ササイカ、サヤナガ、シャクハチ、テッポウイカ

アオリイカ（一般）　バショウイカ、ミズイカ

コウイカ（一般）　スミイカ（東京）　カブトイカ、ハリイカ、ホンイカ

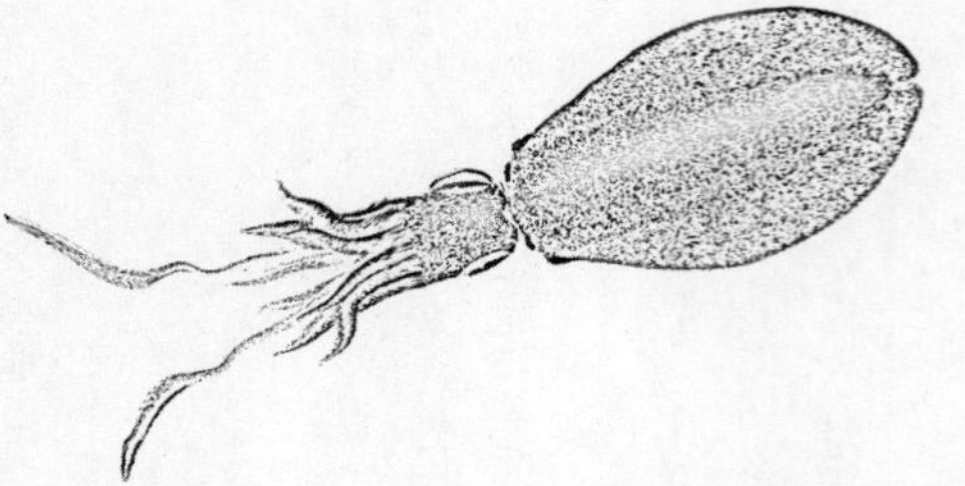

アオリイカ　全長約60センチメートル。北海道を北限に日本近海に広く分布。

鮊 しらうお

◆どうしてこんな字？

音で「ハク」と読み、魚へんと音を表す「白」の字から成り立ちます。またシラウオは白魚とも表記されます。生きているときは透明感がありますが、死ぬと白くなることからこの名前となりました。ちなみに、シラウオとよく似ていますが別種でハゼの仲間の「シロウオ」は漢字で「素魚」と表記されます。

◆「しらうお」ってどんな魚？

シラウオは、昔は隅田川でもよく獲れ、江戸の春の風物詩にもなっていた魚。熊本県と岡山県以北で北海道までの河川、湖に分布し、現在の主産地は、霞ヶ浦《かすみうら》、宍道湖《しんじこ》、有明海などです。生きているときは完全な無色透明で、体にはウロコがほとんどありません。体長が10センチメートルにしかならず、他の魚の稚魚やハゼの仲間の「シロウオ」と混同されがちですが、背ビレと尾ビレの間に「脂《あぶら》ビレ」というのがあるので見分けることができます。ちなみに「シロウオ」も体長約6センチメートルにしかならない小型の魚。有明海にいるアリアケシラウオは、体長14〜15センチメートルにもなります。シラウオは無色透明ですが、シロウオは茶色がかっており、腹ビレが吸盤状になっているのが特徴で、水揚げ後、急速に鮮度がおちるので、酸素を入れた袋にいれて輸送されます。

◆おいしい調理の仕方

シラウオは淡白で上品な味。鮮度が非常に落ちやすく、鮮度が落ちると極端に味も悪くなるため、氷蔵で出回ることが多いです。目が黒く澄み、体が透けているのが新鮮で、刺身にも向いています。酢《す》醤油《じょうゆ》かわさび醤油で食べると美味。また江戸の昔からの代表的な食べ方は「卵とじ」。佃煮《つくだに》の代表的な材料にもなっています。釜《かま》揚《あ》げで販売されているものは、ほとんどが中国産です。

姿形の似た「シロウオ」は寿司屋では見られない魚。博多では生きたまま二杯酢で食べる豪快な「踊り食い」が名物となっています。水をはった鉢にシロウオを泳がせ、網ですくって食べるというこの料理は、味そのものよりピチピチとした喉《のど》ごしを楽しむものです。他には卵とじや天ぷら、椀《わん》ダネなどに使われます。

◆ところ変われば呼び名も変わる

シラウオ（一般）　アマサギ（北陸）　スベリ（石川）　シラオ（関東）　シラス、シロイオ

シロウオ（一般）　イサダ（北陸）　シライオ（北九州）　シラウオ（三重、和歌山、広島）

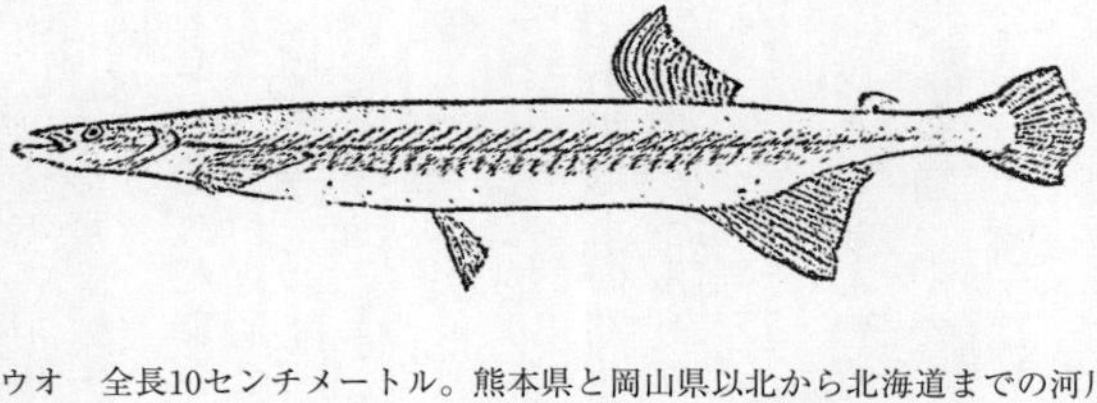

シラウオ　全長10センチメートル。熊本県と岡山県以北から北海道までの河川、湖に分布。

鯔 ぼら

◆どうしてこんな字？

つくりはあぶらを意味します。ボラの幼魚の腹には黄色い脂肪がいっぱい詰まっているので、この漢字が当てられました。またこの漢字はボラの幼魚の名前「イナ」とも読み、「イキで威勢がよいこと」を意味する「鯔背《いなせ》」に使われています。ボラは「鯔」の字を書くこともあります。

◆「ぼら」ってどんな魚？

ボラも成育年齢とともに名前が変わる出世魚。3センチメートル以下の幼魚を「ハク」、3～18センチメートルのものを「オボコ」、生後1年を経過した18～30センチメートルのものを「イナ」、2～4年の30センチメートル以上の成魚を「ボラ」、5年以上の老成魚を「トド」と呼びます。ちなみに、「これ以上はない」という意味の「トドのつまり」はボラの老成魚の名に由来します。また、世間知らずの「オボコい」も若魚の名前に由来する言葉で、昔から親しまれてきた魚だということが分かります。

ボラは北海道以南、全世界の温帯から熱帯域に生息。海で生まれ、幼魚のときに川に上り、川や池で生活します。底土の中の有機物や藻類を食べるため、歯は退化してなくなっています。その代わりに胃壁が厚く発達し、そろばん玉のような形の硬い塊になっていて、ここで餌を砕きます。

◆おいしい調理の仕方

ボラは冬が旬で、味は淡白。幼魚のうちは川で過ごすので身が泥臭く敬遠されがちですが、外洋で暮らす成魚は臭みが薄くなりおいしくなります。刺身やあらい、味噌《みそ》漬け、鍋物《なべもの》等に調理されます。ボラの若い卵巣《らんそう》を塩漬けして乾燥させたものがカラスミ。カラスミは30%以上の脂肪を含み、セチルアルコールを多く含むため、ねっとりした独特の食感があります。そろばん玉のようになったボラの胃は「ボラのへそ」といわれます。焼き物などにするとコリコリした歯ごたえが楽しめ、身とは別に扱われる珍味中の珍味です。

全世界に広く分布するボラは、台湾でもお馴染《なじ》みの魚。身肉もさることながら、ボラの浮き袋をゴマ油で煮て産後の栄養補給食としたり、内臓を豆豉《トウチ》（中国の浜納豆）と一緒に煮たものや、焼いて醤油味で仕上げた料理もよく食べられているそうです。

◆ところ変われば呼び名も変わる

ボラ（一般）　マボラ、カラスミボラ、イキナゴ（高知）　エブナ（石川、熊本）　クロメ（熊本、東北）　スバシリ（福岡、石川）　チョボ（三重）

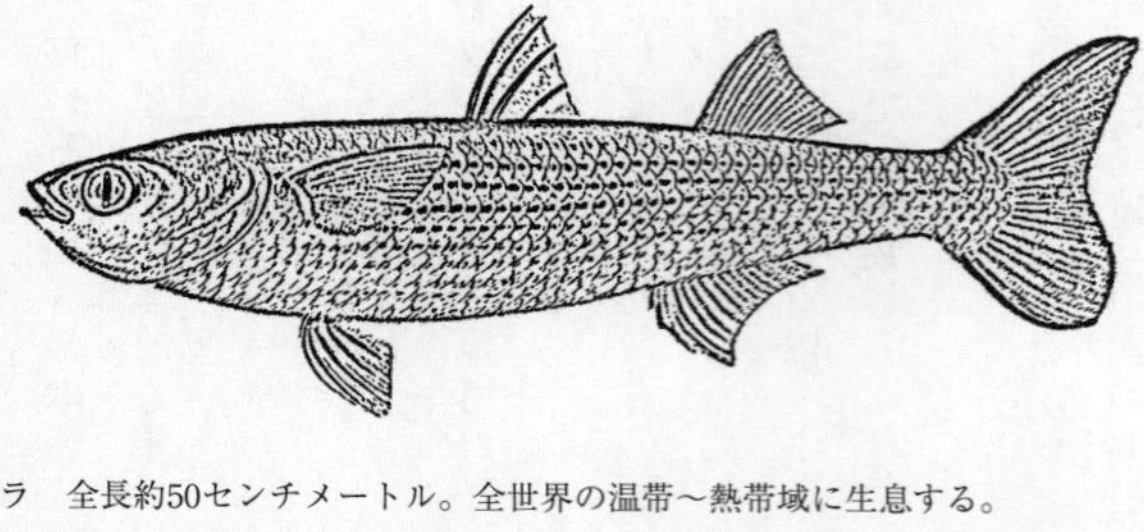

ボラ　全長約50センチメートル。全世界の温帯〜熱帯域に生息する。

鮫《さめ》

◆どうしてこんな字？

鮫は魚へんに「交」の字を書きますが、この「交」はまじえるの意味で、上下のきばを交え、むきだす魚＝サメとなりました。また「鮫」は刀のさやの飾りの意味も表します。サメの皮は刀のさやや柄《つか》を飾ることにも使われたので、その皮をもつ魚に鮫の字が当てられたという説もあります。サメの語源は、「狭眼《さめ》」で眼が小さいからといわれています。

◆「さめ」ってどんな魚？

サメの種類は世界中で約３５０種、日本には約１００種が生息します。映画『ジョーズ』のモデルとなったのはホオジロザメ。凶暴な肉食種でマグロやイルカ、オットセイなどを食べ、時には人間も襲います。食用になるサメの種類は少なく、ヨシキリザメやアブラツノザメ、アオザメ、ホシザメ等だけ。北海道南部以南の沿岸から南シナ海にかけて分布するホシザメは、体の上部に白い斑点《はんてん》が散在することが特徴。交尾をして、雌の体内で受精する胎生魚です。子供は約10カ月で産まれ、3

年前後で成熟。日本近海で多く獲れます。また深海性のツノザメ類は、肝油が健康食品や薬用、化粧品の材料とされています。特に全世界の温帯から寒帯の海に広く分布するアブラツノザメには肝臓に多量の油が含まれ、その昔、肝油をとるために大量に捕獲されたので生息数が減少しています。

◆おいしい調理の仕方

サメは死後、アンモニア臭がすることがあります。これはサメ肉には浸透圧調整のために多量の尿素が含まれているためで、尿素が分解してアンモニアを生成するのです。このため新鮮なもの以外は料理に向かず、多くがかまぼこやはんぺん等の練り製品の材料とされています。サメの皮は乾燥させて物を磨く材料としたり、刀の柄などに巻くものとしても使われました。

新鮮なうちに手際《てぎわ》よく調理されたものは、高たんぱく・低脂肪で、成人病予防という面でも優れた魚。特にホシザメはおいしく、九州では「湯引き（熱湯に軽く通し、氷水で身をしめた刺身）」にしたり、良質の練り製品の材料としています。アブラツノザメの肉質もよく、脂質やビタミンAが豊富。ネギ・ウドなどの野菜と酢味噌で和《あ》えた料理「ぬた」や干しザメの材料にもされています。

◆ところ変われば呼び名も変わる

ホシザメ（一般）　カノコザメ、ノウソ

アブラツノザメ（一般）　アブラザメ

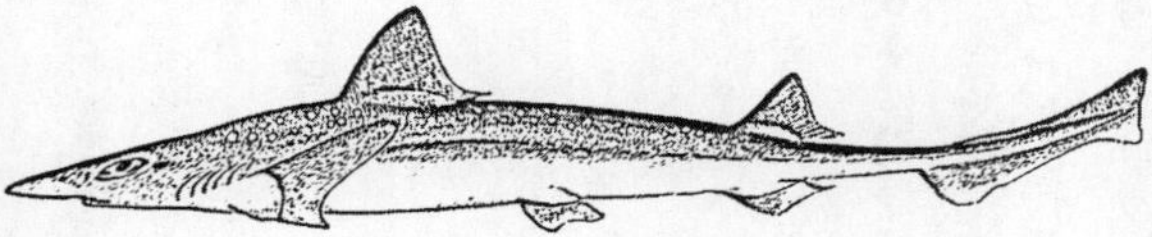

ホシザメ　全長約1.5メートル。北海道南部以南の沿岸から南シナ海にかけて分布する。

鯰《なまず》

◆どうしてこんな字？

つくりである「念」の字には、ねばるという意味があります。ナマズは体がぬるぬるとねばる魚であることからこの字となりました。中国では、ナマズは「鮎」という字を書きますが、日本では鯰の漢字を使います。またナマズの「ナマ」は滑らかさを、「ズ」は頭をそれぞれ意味しており、こちらも皮膚がすべすべしている大きな頭の魚を意味します。

◆「なまず」ってどんな魚？

ナマズは北海道を除く日本各地と朝鮮半島、台湾、中国東部の淡水に分布し、川の下流や湖沼、用水路など水の流れのないところに棲《す》んでいます。

ナマズの特徴は、腹ビレがなく背ビレが小さいこと、3対6本の口ひげがあり（成魚には2対4本）、体に雲状の斑《ふ》があることです。また頭が大きく、尾が細くなった体形をしています。寿命はなんと60年といわれ、池の主的な存在です。特に琵琶湖のイワトコナマズが美味なことで有名。最近では台湾、中国東部産のヒレナマズや養殖がさかんなアメリカ南部のキャットフィッシュが冷凍品で輸入されています。

ナマズには、昔から地震を予知する能力があると伝えられていますが、その確証はありません。ナマズ類は一般に、高い電気的感受性があり、小動物が活動するときに生じる電位変化を感知しますので、これが予知能力に結びついているようです。

◆おいしい調理の仕方

ナマズは知る人ぞ知る美味な魚。白身で適度に脂肪があり淡白な味わいです。特に冬になると身がしまっておいしくなります。天ぷらなどの揚げ物に向くほか、素焼きにして生姜《しょうが》醤油で食べたり、蒲焼《かばや》きや煮物などにしてもおいしく食べられます。活《い》けものを調理するときには、3日ほど真水で泳がせて、泥を吐かせるようにしましょう。

アメリカ南部で養殖されるキャットフィッシュは、アメリカでもシュリンプ、ロブスターに次いで人気のある魚。養殖管理で淡水魚独特の泥臭さを取り去り、上品で歯ごたえのある肉質に改良されています。大豆やコーン、小麦などの配合餌で育てられ、低カロリー、低脂肪、低コレステロールを誇っています。日本へは主に、三枚おろしに加工されたものが冷凍で輸入され、「清水ダイ」の名前で店頭に並ぶこともあります。

◆ところ変われば呼び名も変わる

ナマズ（一般）　マナマズ、カワッコ、ハス、ベッコ、ザシン（富山）　ヤッコナマズ（鳥取）

キャットフィッシュ（一般）　アメリカナマズ

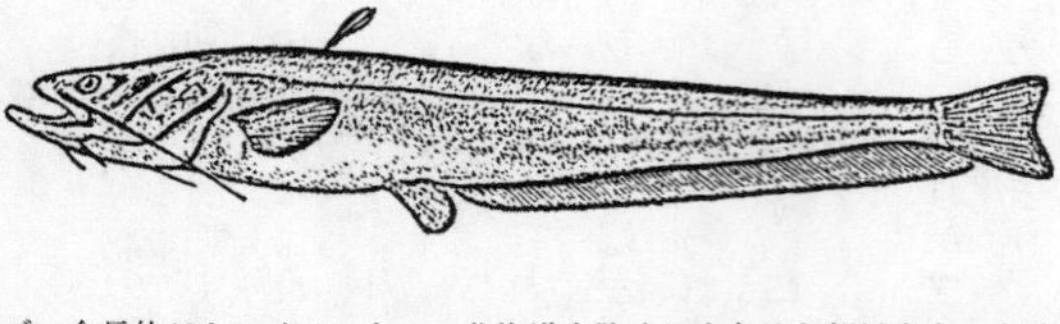

ナマズ　全長約60センチメートル。北海道を除く日本各地と朝鮮半島、台湾、中国東部の淡水に分布。

鯎《うぐい》

◆どうしてこんな字？

魚へんに音を表す「成」の字との組み合わせで成り立っています。ウグイはアサリを意味する漢字「鯏」とも、石斑魚とも書かれます。ウグイは関東地方ではハヤとも呼ばれ、こちらには「鮠」の字が使われています。鮠のつくり「危」はナマズを意味しており、ナマズに似た魚という意味がありますが、日本ではハヤの漢字に当てられています。

◆「うぐい」ってどんな魚？

ウグイはコイ科の淡水魚。サハリンから九州までの日本各地、朝鮮半島南部に分布し、川の上流域から河口域、沼など、きわめて広く生息しています。酸性水にも強く、火山周辺の湖にも棲んでいます。体が細長く、口は尖《とが》らずに丸くなっています。雑食性で水生昆虫、小魚、藻類などを食べて生活しており、初夏の増水時には川の上流へ上り、早瀬の礫《れき》に付着性の卵を産みます。産卵期は2～7月で、北へいくほど遅くなります。このとき、体に3本の赤色の縦縞《たてじま》の「婚姻色」が現れるので

「アカハラ」の名前でも呼ばれています。

関東ではハヤ、関西ではハエの名前でも呼ばれるウグイは、釣り魚としても馴染《なじ》み深いものですが、渓流釣りの外道《げどう》といわれるほどよく釣れるので、地元では食べる習慣がないというところもあります。

◆おいしい調理の仕方

ウグイには、淡水魚特有の臭みがあり、硬い皮でしかも骨太。敬遠する人も多いようです。特に夏期はあまりおいしくなく、冬期には「寒バヤ」と呼ばれおいしくなります。調理の際には、臭みのある皮や内臓をきれいに取り除きます。捌《さば》いた身をすり鉢ですりおろし、デンプンなどのつなぎと生姜を入れて、鍋《なべ》や汁物の具にするといけます。ウグイの卵は小さいものは青緑色ですが、産卵前にはオレンジ色に。これを醬油《しょうゆ》に漬けて食べると大変美味。長野県の千曲《ちくま》川河川敷には、ウグイを使った「つけば料理」があります。「つけば」とは種つけば＝産卵場所のこと。千曲川の河川敷に小屋を建て、4月下旬から6月初旬にかけての産卵期に、産卵場に集まるウグイを獲《と》ってその場で作る料理です。塩焼きや田楽、あらい、唐揚げなどで獲れたてのウグイを味わえます。

◆ところ変われば呼び名も変わる

ウグイ（一般）　アカハラ（北海道）　クキ（秋田）　オオガイ（青森）　ハエ（新潟）　アカウオ（長野）　イダ（関西以西）　ハヤ（関東）　ハエ（関西）

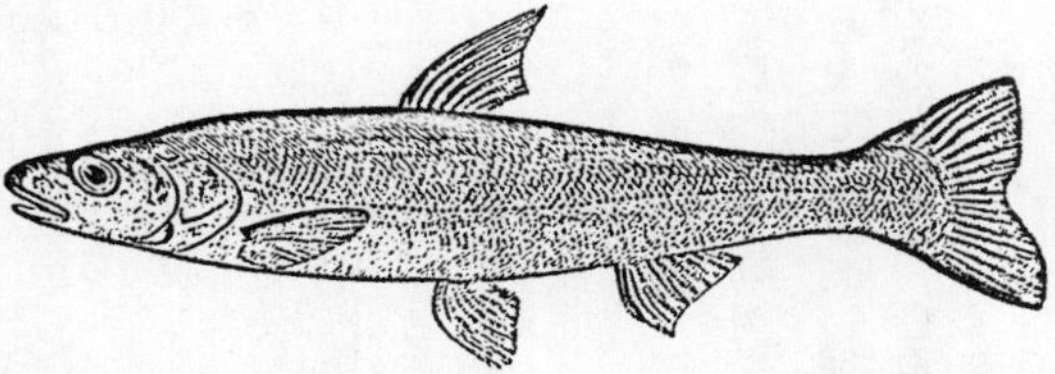

ウグイ　全長約50センチメートル。サハリンから九州までの日本各地、朝鮮半島南部に分布。

鰌《どじょう》

◆どうしてこんな字？

つくりの「酋」は、ミミズの意味を表します。ミミズのように泥の中に棲む魚ということからドジョウの漢字となりました。また「酋」はドジョウの鳴き声「シュウ」の擬声語だという説もあります。ドジョウは「泥鰌」や日本で作られた国字の「鯲」とも書きます。このつくり「於」は「淤」の略字で泥を指し、泥の中に棲む魚の意味となります。

◆「どじょう」ってどんな魚？

ドジョウは日本各地、東南アジアの淡水域に分布し、平野部の浅い池沼、田、小川など流れが少なく、泥の深い場所に棲みます。底土の中の有機物や小動物を食べて生活するドジョウは、水面で空気を飲み込んで、腸で呼吸することができます。尾が円く、口ひげが上アゴに3対、下アゴに2対で計10本あるのが特徴。日本では、農薬などの影響で急激に減っており、昔は近くの小川などどこでもバケツいっぱい獲ることができましたが、今は専《もっぱ》ら買うもので、豚肉よりも高くなってしまいました。今では市場に出回る半分は、韓国や中国からの輸入モノ。国産モノに比べて、体が平べったく、味が薄くなります。国産モノでは千葉産が美味で、まっくろな色をしているのが特徴です。産卵期は4〜7月で、オスがメスにからみつき、圧迫して産卵を助け、放精します。冬は冬眠するので身が痩《や》せています。

◆おいしい調理の仕方

柳川鍋やドジョウ鍋など、江戸時代から夏のスタミナ源として親しまれてきたドジョウは庶民の味の代表選手。柳川鍋はササガキにしたゴボウと煮て、卵でとじたもの。ゴボウと卵の味がよく合い、とてもおいしいです。ドジョウには、ビタミンDやカルシウム、リン、鉄分等が豊富なので、夏のスタミナ食として有名になりました。冬の天然モノは、餌《えさ》を食べずに泥の中にもぐって冬眠するため痩せており、夏の産卵期に向けて脂《あぶら》ののってくる7月頃が旬です。ドジョウは死ぬと細菌が繁殖しやすくなるので、料理をするときは活けものを使いましょう。また泥臭いので、数日間は真水で泳がせて、泥を吐かせてから調理します。まるまると太ったものほど良い味です。ちなみに、ドジョウの仲間で体に黒い斑点のあるシマドジョウがいますが、これは観賞用で食べられません。

◆ところ変われば呼び名も変わる

ドジョウ（一般）　オドリコ（関東）　ムギナ（長野）　オオマ（福島）　ノロマ、ヤナギハ、ジョウ、ジョウジョ

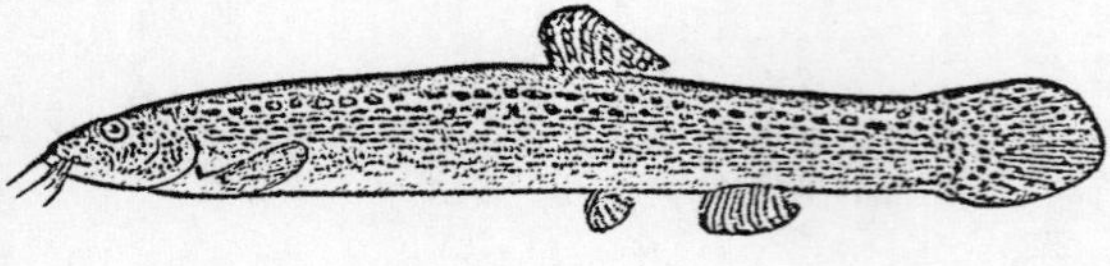

ドジョウ　全長約18センチメートル。日本各地、東南アジアの淡水域に分布。

鰒《ふぐ》

◆どうしてこんな字？

本来、アワビを指す漢字ですが、「フク」と音読みすることから借りて用いられるようになりました。フグは鯸とも書き、「侯」はふくれるという意味で大きく膨れる魚＝フグとなりました。他に「河豚」とも書かれますが、その由来は中国の河川の中流域にまでメフグが棲んでいたことから「河の豚」＝フグとなったとのことです。

◆「ふぐ」ってどんな魚？

フグ類は、世界中の暖海に広く生息。日本近海では、本州中部以南に分布し、東シナ海に多く生息しています。日本では重要な食用魚で、特にトラフグが最高級魚として扱われています。産地により味に優劣があり、瀬戸内西部のものがいちばん味がよいといわれています。「カラス」というフグはトラフグの代用として扱われ、比較的高価。対馬《つしま》以西から東シナ海に分布しており、韓国から輸入されています。カナフグは、フグ類の最大種で1メートルにもなる魚。南日本からインド洋まで広く分布し、肝臓に特に強い毒を持つのが特徴です。食用とされるフグは、その種類と食べる部位が決まっています。一般に、食用フグであれば特に肝臓や卵巣《らんそう》に強い毒を持つものが多く、身肉、皮、精巣（白子）には毒がないとされていますが、種類によっては身肉や皮に毒を持つ場合もあるので注意が必要です。

◆おいしい調理の仕方

フグ類の有毒成分は、肝《き》臓《も》や卵巣《まこ》などの内臓にあるテトロドトキシン。1匹分には数十人の命を奪うほどの毒があります。関西では、当たると死ぬことから「テッポウ」とも呼ばれます。素人《しろうと》の調理は危険で、調理にはフグ調理師免許が必要です。旬《しゅん》は冬で、特に師走《しわす》のフグは最高。フグの肉質は脂肪が少ないので味は淡白。歯ごたえがあるので、お皿が透けるほど薄くそいだ「薄造り」にします。ポン酢醤油《じょうゆ》とよくあい、アサツキ、紅葉おろしなどの薬味と合わせると、さらに旨味《うまみ》が引き立ちます。「ちり鍋」にしても骨付き肉のエキス分が旨味を出して美味。鍋の後にご飯を入れて作る雑炊も好まれます。ちょっと変わったメニューは、クロサバフグのヒレを乾燥させたものをあぶって燗酒《かんざけ》に入れた「ひれ酒」。独特な風味で人気があります。

◆ところ変われば呼び名も変わる

トラフグ（一般）　クロモンフグ（大分）　オオフグ、ホンフグ、マフグ

カラス（一般）　カラスフグ、ガトラ、クロ

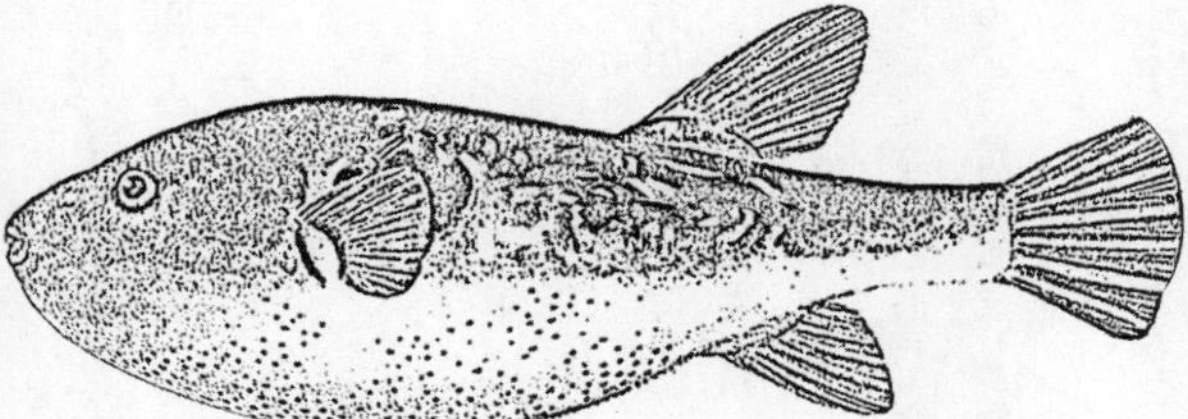

トラフグ　全長約70センチメートル。世界中の温帯海域に広く分布。

鮸《いしもち》

◆どうしてこんな字？

元来ニベを指す漢字ですがイシモチの意味でも使われます。つくりの「免」には、浮き袋の意味があり、腹に白い浮き袋（鰾）を持つ魚ということからニベの漢字となりました。

◆「いしもち」ってどんな魚？

イシモチはニベ科の魚。正式名をシログチといいますが、一般にはこのシログチとニベ科の魚を区別なくイシモチと呼びます。ニベ科で食用となるのはキグチやオオニベ、フウセイなど。イシモチは西日本の太平洋近海に分布し、水深40～100メートルの砂泥地に生息します。ニベ科の魚の頭を割ると、炭酸カルシウムでできた目玉より大きな石が出てきます。これは耳石《じせき》という平衡感覚を司《つかさど》る器官で、他の種類の魚より大きい石をもつことからイシモチと呼ばれるようになりました。またニベは「鰾」がよく発達していて、周りの筋肉の動きに共鳴してグーグーと音を出すので鳴く魚としても有名。この浮き袋を煮て作られるのが「膠《にかわ》」です。「にべもない」という言葉は、この膠のようには粘りがないということで、取り付きようもないという意味です。

◆おいしい調理の仕方

イシモチは、水分が多く淡白な味の肉質です。身がやわらかいので刺身には向かず、唐揚げやフライなど油を使った料理や惣菜《そうざい》物などに利用されます。また、鮮度が落ちても筋肉たんぱく質が安定しているので、かまぼこなどの練り製品に使うと強い弾力をもつことから、多くが練り製品の高級材料として取引されています。体長が1メートル30センチメートル、体重25キログラムを超すほどに大きくなるオオニベは、ニベ類の最大種。これは刺身や焼き物、煮物にされ、なかなか美味です。

イシモチやニベは東シナ海でも多く獲れるため、中国料理や韓国料理には欠かせない食材。フウセイは韓国語からきた名前で、中国語では「大黄魚／大黄花魚」と書きます。中国では、豆瓣魚《トウバンユイ》という辛みの強い煮込みや丸揚げにし、韓国では煮物や焼き物にして食べられています。

◆ところ変われば呼び名も変わる

イシモチ（一般）　シログチ（正式名）　グチ

ニベ（一般）　グチ、コイチ

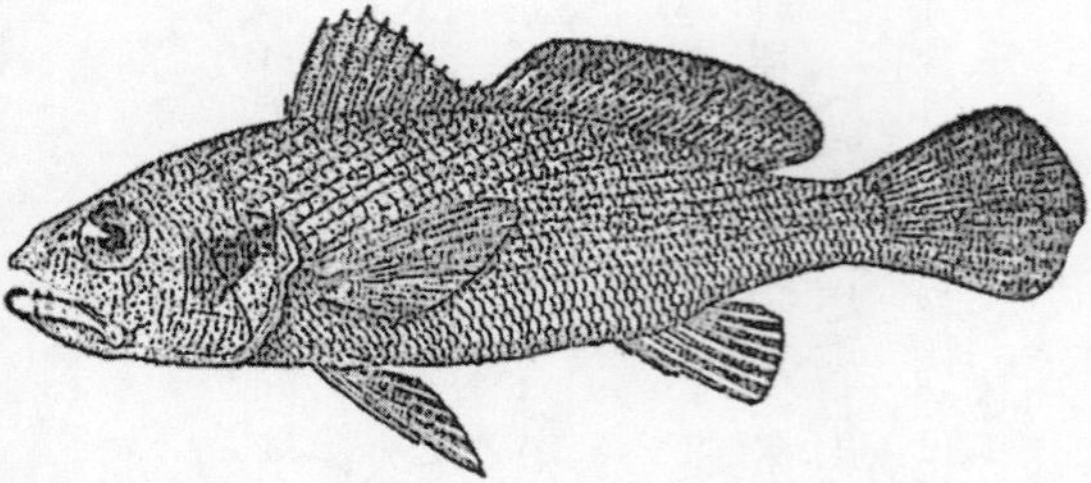

イシモチ　全長約40センチメートル。西日本の太平洋近海に分布する。

鮟《あんこう》

◆どうしてこんな字？

「鮟」の字のつくり、「安」は伏すという意味があります。好んで伏し、腹が平らに地につく魚ということでアンコウの字に使われています。また体の形が楽器の琵琶《びわ》に似ていることから、琵琶魚とも呼ばれていました。アンコウの語源は「アンゴウ」というヒキガエルを表す方言に由来し、姿が似ているからこう呼ばれるようになったという説があります。

◆「あんこう」ってどんな魚？

アンコウは世界の熱帯から温帯域の海底に棲《す》みます。一般にアンコウと呼ばれるのは、キアンコウとクツアンコウ。キアンコウは北海道南部から東シナ海の沿岸に分布し、特に茨城沖のものは「常陸《ひたち》もの」として高値がつきます。クツアンコウは太平洋とインド洋の温帯域に分布。水深200メートルより浅い海底に棲んでいます。アンコウは、体にウロコがなく、非常に大きいへん平な頭と横に広い口を持つちょっとグロテスクな魚。胴や尾は短くて細く、肉には約80％も水分を含んでいます。この体つきでは、速く泳ぐことができず、海底をはうようにして移動しながら、待ち伏せして餌《えさ》をとります。エイやカレイなどの魚類やイカ、エビなどを食べる肉食魚。口の先にある突起の先端の「擬餌《ぎじ》皮弁」を震わせて、近寄ってくる獲物を素早く捕らえ、食べます。

◆おいしい調理の仕方

アンコウは「東のアンコウ、西のフグ」といわれ、古くから関東の冬魚の代表格。アンコウは身がぶよぶよでヌルヌルしているので、まな板の上ではうまく捌《さば》くことができません。そこで、下あごに鉤《かぎ》をかけて吊《つ》るすという独特の方法で捌きます。アンコウの身肉はやわらかくて粘りがあり、脂肪は極めて少ないのが特徴です。アンコウの食べられる部位のことを「七つ道具」といいます。それは、「肝」「とも（手羽、腕、ヒレ）」、「ぬの（卵巣）」、「柳肉（身、ほお肉）」、「水袋（胃）」、「えら」、「皮」の7種類。背骨を除き、ほとんど全部が食べられます。俗に「あん肝」と呼ばれる肝臓は特に珍重され、脂肪が多くビタミンAの含有量もとても多いのが特徴です。また、ヒレや皮にはお肌の老化を防ぐ効果のあるコラーゲンが豊富。あん肝の次においしいとされています。

◆ところ変われば呼び名も変わる

キアンコウ（一般）　アンコウ、ホンアンコウ

クツアンコウ（一般）　アンコウ

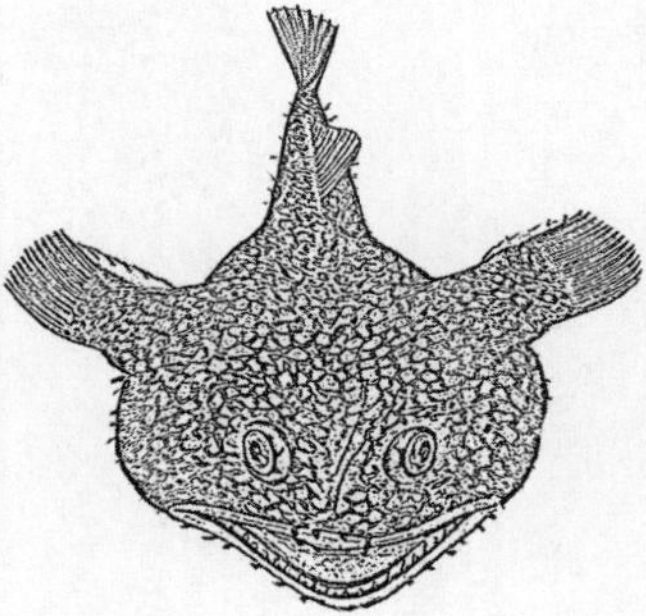

キアンコウ　全長約1メートル。北海道南部から東シナ海沿岸に分布。

鰊《にしん》

◆どうしてこんな字？

つくりは若いという意味。小魚を指すことからニシンの字となりました。また「鯡」の字もニシンを指します。このつくり「非」は否定を表しており、こちらもまだ成魚になりきっていない魚という意味を表しています。その他には「青魚」や「春告魚」なども書きます。ちなみに、中国ではニシンは「鯖」と書きます。

◆「にしん」ってどんな魚？

ニシンはかつて、北海道に春を告げる魚でした。産卵期の春になると大群で岸に押し寄せ、オスが放出する精液で海が真っ白になったといわれています。しかし、戦後は急激に数が減り、昭和30年代以降は大群ではほとんど姿を見せなくなりました。現在はごく少量が獲《と》れるだけなので、日本へはカナダやロシア、ノルウェーなどから大量に輸入されています。

ニシンは海の表層にいる多量の動物プランクトンを主食としており、漁獲数が減ったとはいえ、生息数は膨大。クジラやマグロ、ブリ、イカなどの天然の主要な餌《じ》料《りょう》となっている魚です。ニシンの寿命は10年以上で、3～10歳すぎまで産卵します。このニシンの卵巣が、正月料理などでお馴染《なじ》みの「カズノコ」。こちらも加工されたものが海外から輸入されています。

◆おいしい調理の仕方

ニシンの身はやわらかく独特の脂臭《あぶら》さがありますが、これがニシンの旨味。ビタミンA・Dを含み、脂肪分の多い魚です。旬は産卵前の春で、特に脂がのっています。ニシンは肌が銀色に輝き、腹が切れていなくて、エラに血がにじんでいないものが新鮮。刺身にしたり、塩焼き、味噌煮《みそに》などに調理して食べます。三枚におろして生干しした「身欠きニシン」は、干すことでより旨味が増します。お米のとぎ汁でもどし、蒲焼《かばや》きやくず煮、甘露煮に。その他、薫製《くんせい》、粕《かす》漬けなどの加工品でも出回っています。

また、地元・北海道の有名な郷土料理が三平汁。これは、塩漬けニシンのぶつ切りにジャガイモや大根を入れたごった煮の汁。昔は調味料を入れず、塩漬けニシンの塩味と野菜の甘みで調味しました。今では味噌や酒粕を入れて味付けすることもあるそうです。

◆ところ変われば呼び名も変わる

ニシン（一般）　ニシンイワシ（富山）　カド、

カドイワシ（東北地方）　サメイワシ（壱岐《いき》）

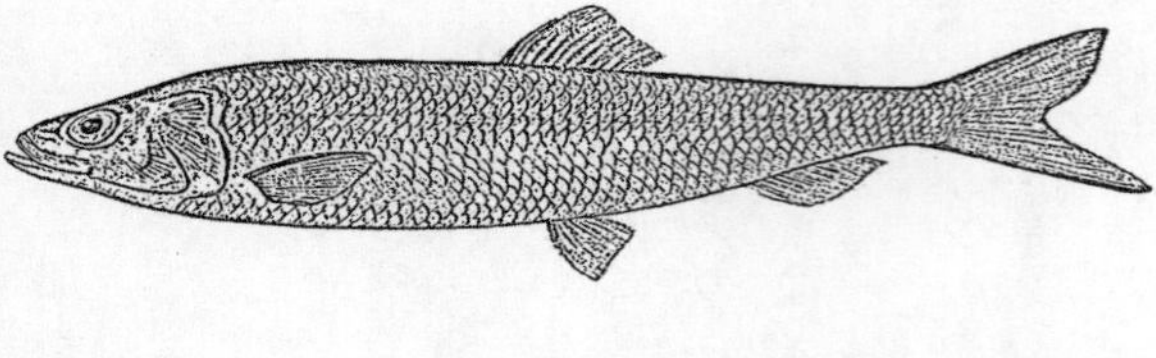

ニシン　全長約30センチメートル。渤海からカナダの亜寒帯域に分布している。

鱈《たら》

◆どうしてこんな字？

魚へんに「雪」と書きますが、これは雪のように白い肉の魚ということからタラを意味しています。また、雪の舞う冬の季節に大量に獲《と》れることから「雪の魚」＝タラとなりました。ちなみに「たらふく食う」は鱈腹食う、「やたら食う」は矢鱈食うで、貪欲《どんよく》で何でも食べる大食漢のタラの特性からできた言葉です。

◆「たら」ってどんな魚？

タラは北国を代表する魚。北海道や東北で多く漁獲されています。ふつうタラといえば、マダラを指しますが、その他にスケトウダラ、コマイなどが食用となっています。マダラはちり鍋の材料としても有名な白身魚。日本海側では山口県、太平洋側では茨城県以北に分布し、水深150〜300メートルという深いところに棲んでいます。「やたらと食う」ために、腹が出ているのが特徴です。スケトウダラは、山口県と千葉県銚子《ちょうし》以北、オホーツク海、ベーリング海、北アメリカ太平洋岸に広く分布。冬に大量に捕獲されます。卵は浮遊卵で、雌は海底近くで産卵し、雄は海面近くで精子をかけます。コマイは「氷下魚」や「氷魚」と書き、日本近海で獲れるタラの中では最小。北太平洋から日本海にかけて分布し、凍りついた海面に穴をあけて釣ることからこの名前がつきました。

◆おいしい調理の仕方

マダラは、切り身や素干しにした棒だら、すき身だら、たらこ、白子などの食材になります。マダラの卵巣《らんそう》は「真子」と呼ばれ煮物にされますが、成熟して卵膜が黒ずんだものは味がおちます。精巣は「白子」や「菊子」「雲子」と呼ばれる高級品。透けるような白色で形がしっかりしているものが新鮮です。スケトウダラの身は、新鮮だと水分が多く身くずれしやすいので、すり身や開き干し、すき身だらに加工して利用。また卵巣は「たらこ」になり、薄塩で多くは薄紅色に着色したものが売られています。サイズの小さいコマイは、マダラに比べ味も落ち肉量も少ないので塩干品にされ、おつまみの珍味に加工されています。タラは加熱調理するとチオプロリンというアミノ酸ができ、これが体内で発ガン性物質の生成を抑制する働きがあるとして研究されています。

◆ところ変われば呼び名も変わる

マダラ（一般）　タラ、ホンダラ（福島）　アカハダ（兵庫）　マイダラ（富山）　スイボオ（石川）　アラ（長崎）

スケトウダラ（一般）　スケトウ、スケソウ、キジダラ（富山）　メンタイ（福岡）

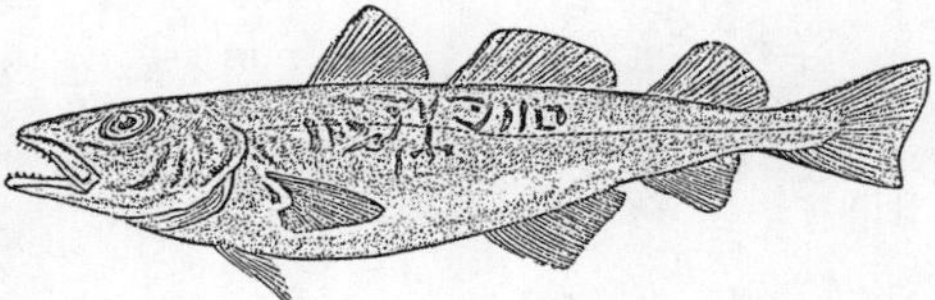

マダラ　全長約1メートル。東北から北海道にかけての太平洋、日本海の山陰以北からオホーツク海、黄海にまで広く分布している。

鰯《いわし》

◆どうしてこんな字？

弱い魚と書く鰯は、つくりの「弱」＝ヨワシがイワシの読みを表す日本的な形声文字です。中国では鰮がイワシを意味することがあり、この字は日本でも使われています。また、水から出るとすぐ死ぬ弱い魚だからという説や、下賤《げせん》な魚の意で「卑《いや》し」からイワシとなったという説もあります。

◆「いわし」ってどんな魚？

イワシの仲間は、ニシンと同様に生息量が膨大な魚。特にマイワシはイワシ類の中で生息域が広く、サハリン南部から日本各地の沿岸部、朝鮮半島から東シナ海にかけて分布しています。日本の沿岸を北上し、秋には南下することをくり返します。泳ぎながら動物プランクトンを食べるイワシは、大きな口を開けたまま泳いでいます。10センチメートル以下のものを小羽《こば》、10〜18センチメートルを中羽《ちゅうば》、18センチメートル以上は大羽《おおば》と呼ばれます。

マイワシは体の側面に七つくらいの黒点があるのが特徴です。目が大きくて、体の横断面が丸い特徴を持つのはウルメイワシ。太平洋やインド洋に生息し、動物プランクトンを食べて生活しています。カタクチイワシは、イワシ類の中では小型で約15センチメートル。幼魚は「シラス」と呼ばれ、食用のほか飼料や餌料にも利用されています。

◆おいしい調理の仕方

マイワシは他のイワシ類より脂質量が多くカロリーが高いのが特徴。その脂には、脳を活性化するＤＨＡや、血液が固まるのを抑え血管系の病気予防に効果のあるＥＰＡが多量に含まれます。また、ＥＰＡは肝臓に働きかけ、中性脂肪の合成を抑える働きがあります。ＥＰＡの必要量は１日１グラム。ちょうどマイワシ１匹分（約１００グラム）が目安。青魚には脂質の代謝を促す分解ビタミンのビタミンB_2も含まれていますので、脂肪が気になる方にはオススメです。ウルメイワシは脂肪が少なく、塩干品の丸干し「うるめ干し」は逸品。よく干して固くなったものは、ウルメイワシの特徴である大きな目が抜けて、穴が大きく開いています。ちなみに「目刺し」とは、イワシの目の穴にワラなどを通して束ねたものを指します。最近は歯ごたえのやわらかいものが好まれるので、「一夜干し」が多く出回っています。

◆ところ変われば呼び名も変わる

マイワシ（一般）　ナナツボシ（東北）　ヒラゴ（瀬戸内海）　ヤマトミズン（沖縄）

ウルメイワシ（一般）　ノドイワシ（青森）　ドンボ（富山）　ドコ（石川）

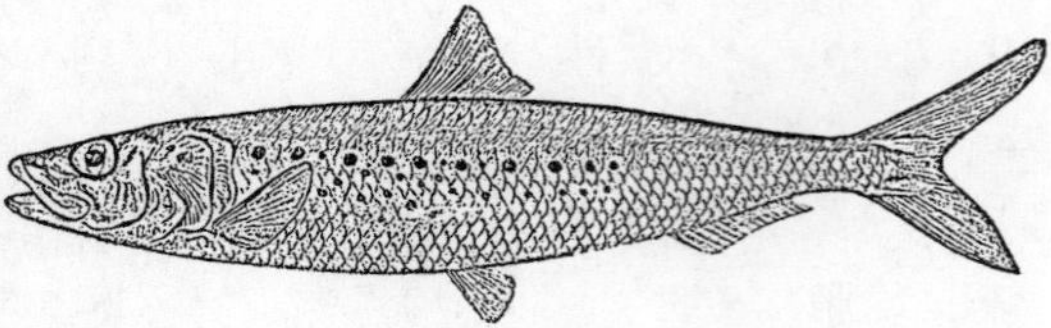

マイワシ　全長約25センチメートル。サハリン南部から日本各地の沿岸部、朝鮮半島から東シナ海にかけて分布。

鯊 はぜ

◆どうしてこんな字？

冠「沙」には水中の砂地という意味があります。水中の砂地に棲む魚の意味からハゼの漢字となりました。他に「魦」や「沙魚」とも書きます。「鯊」や「沙魚」はサメを指す漢字でもあります。ハゼは「馳《は》せ」で俊敏に水中を馳せることから来ています。また古名は「ハセ」でこれは男性の象徴を指すことから来ているという説もあります。

◆「はぜ」ってどんな魚？

ハゼ類は、2000種類以上存在し、約250の属に分けられ、約100属が日本に生息しています。そのうち食用として古くから親しまれているのがヨシノボリ、ドンコ、シロウオなのですが、なんと言ってもマハゼが代表格。北海道から種子島、中国、朝鮮半島に広く分布しています。釣り魚としても馴染《なじ》み深いもののひとつで、自分で釣って味わう魚といわれています。釣り餌には、ゴカイやアサリの剝《む》き身を使います。ハゼは、水底に迷路状の孔《あな》を掘って冬に産卵し、産卵後は死んでしまいます。また、吸盤状になっている腹ビレで葦《あし》の根元などに這《は》い上がることもあります。ドンコは、本州中部以南、九州や朝鮮半島に分布するハゼの仲間。湖沼や河川の澱《よど》んだ場所を好み、単独生活をおくります。石や固形物の下面に産みつけた卵をオスが守るという習性もあります。

◆おいしい調理の仕方

ハゼは、江戸の昔から東京湾でも良く釣れました。特に夏の幼魚は食欲旺盛《おうせい》なので、初心者でもおもしろいように釣れるとか。脂肪が少なくあっさりして淡白な味。晩秋から初冬にかけてが、特においしくなります。マハゼは天ぷらにするのが人気。東京湾にうかべた屋形船で、ハゼの天ぷらを食べさせてくれるところもあります。刺身は糸造りにしてもよく、他に吸い物や甘露煮、佃煮《つくだに》、南蛮漬けにしてもおいしく食べられます。初冬の子持ちハゼは珍重され、煮物などに調理されます。

また、ハゼの卵巣を塩漬けにした塩辛は、隠れた珍味として人気があります。ヨシノボリやドンコは、佃煮や甘露煮などにされます。シロウオは、生きたままのものを二杯酢で食べる博多名物「踊り食い」が有名です。

◆ところ変われば呼び名も変わる

マハゼ（一般）　オカンバ、ドンハゼ（静岡）　カジカ（宮城）　カワギス（富山）　グズ（石川）　ハゼクチ（長崎）　デキハゼ（関東）　モミハゼ（愛知）

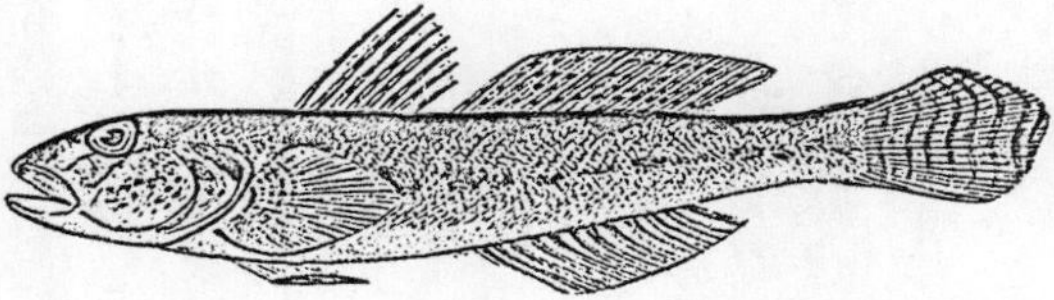

マハゼ　全長約20センチメートル。北海道から種子島、中国、朝鮮半島に分布。

鱶《ふか》

◆どうしてこんな字？

本来、魚の干物を意味する漢字です。つくりの「養」には日に当てるという意味があり、日に当てて干した魚＝干物を指します。日本ではフカを表す字として使われます。フカはサメの別名で、サメ類は卵胎生が最も多く「子を養う魚」＝鱶となったともいわれています。またフカは大型のサメを指す言葉で、その多くが沖合域の深い海に生息するので「深」→フカとなったという説があります。

◆「ふか」って？

有名な中国料理「フカのヒレ」は、サメのヒレから作られます。サメの種類はシュモクザメ、メジロザメ、ジンベイザメ、ヨシキリザメなどさまざま。サメには8枚のヒレがありますが、フカヒレとして利用されるのは、尾ビレと第1背ビレ、胸ビレ1対の4枚。港に水揚げされたサメは、ヒレ専門の業者によってヒレだけが切り取られ、砂皮がついたままの状態で天日乾燥されます。これを「原ビレ」といいます。サメの体内には尿素やアンモニアなどが含まれ、ヒレにもこれらの成分が含まれるので、乾燥させた後、この原ビレを柔らかく戻し、皮や軟骨を取り除き、脱臭処理してはじめて食用となります。

中国や日本では、フカヒレは高価な値段で取引されるため、海外ではこの「フカヒレ」だけを目当てにしたサメの乱獲が問題となったこともあります。

◆おいしい調理の仕方

フカヒレは、サメのヒレにある「きんし」という糸状の硬たんぱく質を取り出したもの。また、「きんし」のまわりにあるゼラチン質も利用するため、ヒレごと使われることもあります。フカヒレは、人間の体の細胞形成をつかさどる「コンドロイチン」と「コラーゲン」という成分を多く含んでいます。これらは一般的に、30歳頃を境に体内から減少していくだけの成分。不足すると皮膚の老化が目立ってきます。

フカヒレスープは、フカヒレを長時間煮てコラーゲンをゼラチン化させたもの。このゼラチンには、メザシに匹敵するくらいのカルシウムが含まれています。また、フカヒレに含まれる「血管形成阻止物質」はがん細胞が増殖する時に作られる「らせん状血管」の発育を阻止する働きがあるそうで、免疫療法として国内の臨床試験に使われています。

◆ところ変われば呼び名も変わる

シュモクザメ（一般）　シロシュモクザメ

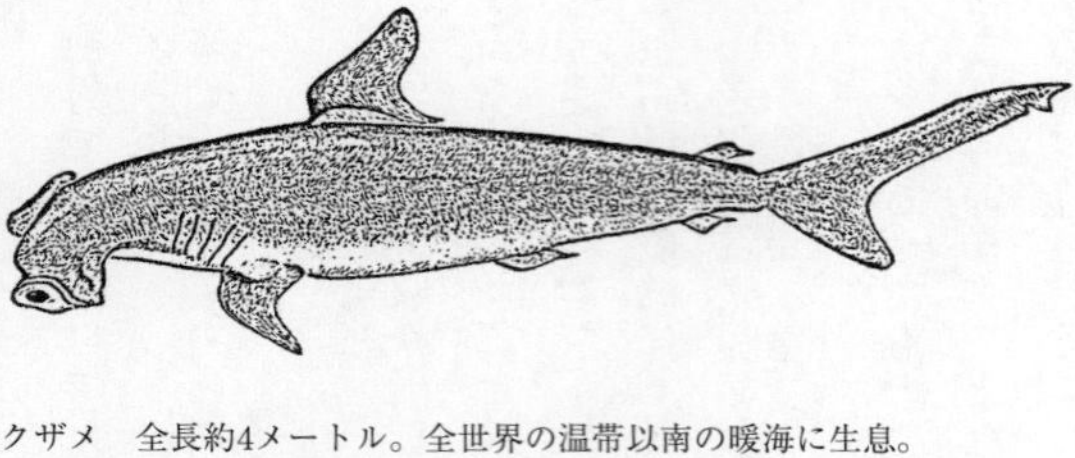

シュモクザメ　全長約4メートル。全世界の温帯以南の暖海に生息。

𩸽《ほっけ》

◆どうしてこんな字？

日本で作られた国字。つくりに「花」の字が使われるのは、幼魚が美しい青緑色をしているところから来ています。また、産卵期のオスがコバルト色になり鮮やかな唐草模様がみられるからという説もあります。ホッケの語源は、蝦夷地《えぞち》開拓時代に法華経《ほけきよう》を説いたお坊さんが、ホッケの旨《うま》さを普及したことに由来しています。

◆「ほっけ」ってどんな魚？

ホッケは太平洋側では千島、南樺太《からふと》から茨城県にかけて、日本海側では対馬海峡付近にも分布していますが、主産地は北海道の日本海側。日本で漁獲されるもののほとんどが北海道周辺で占められており、「北方」または「北魚」と書いてホッケと読むこともあるくらい北海道を代表する味です。ふだんは水深100〜150メートルの海底に棲《す》んでいますが、9〜2月の産卵期には浅い沿岸部に集まります。

体長7センチメートルくらいまでの幼魚はコバルト色で「青ボッケ」と呼ばれます。15センチメートル（1歳）をロウソクボッケ、25センチメートルくらいのものをハルボッケ、30〜40センチメートルをチュウボッケ、60センチメートルまでをオオボッケと呼びます。

ホッケは昔、ニシンの卵や稚魚を食べるので「害魚」とされていましたが、ニシンが不漁になったことから食用としてその価値が高まっています。

◆おいしい調理の仕方

ホッケの身はやわらかく、脂肪分が多いものの味は淡白。昔は脂《あぶら》っぽさが嫌われ、まずい魚とされていました。最近ではこの脂っぽさが好まれ、若い人たちにも人気の魚です。練り製品の原料にされるほか、生干しにしたり、開いてフライや煮付けにして食べます。食べ頃は秋から冬で、春も脂がのって味がよくなります。

ホッケは鮮度が急激に落ち、味も悪くなるのでできるだけ新鮮なものを選びましょう。新鮮なものは体に光沢があり、白い腹をしています。新鮮なホッケの刺身は特においしく、北海道の地元では「白身のトロ」といわれています。北海道以外では新鮮なものは入手しにくいので、開き干しなどが多く出回ります。開き干しは、皮につやのあるものが新鮮です。最近はロシアから輸入されるキタノホッケも増え、真冬はホッケよりも美味とされています。

◆ところ変われば呼び名も変わる

ホッケ（一般）　ネボッケ、タラバボッケ、ビガンボッケ

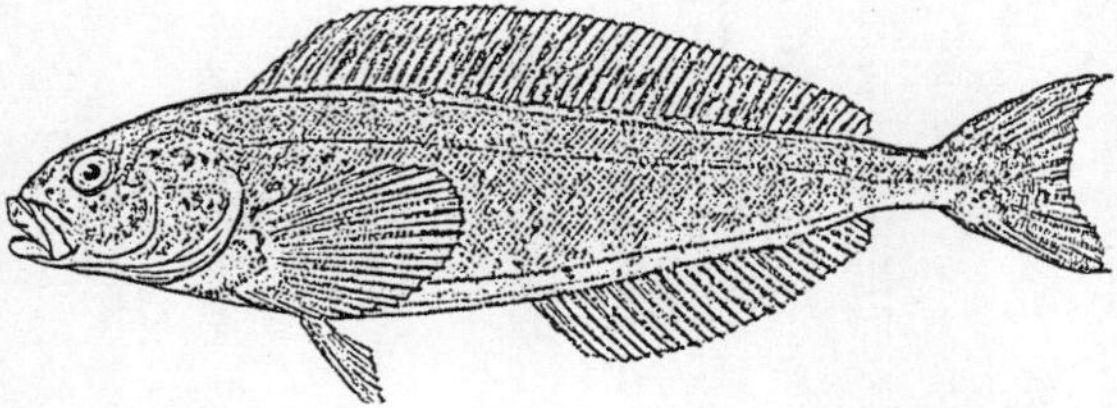

ホッケ　全長約40センチメートル。主産地は北海道の日本海側。

鯣 するめ

◆どうしてこんな字？

鯣は本来はウナギを指す漢字。日本ではこの字をスルメに当てています。スルメの語源は「墨を吐くものの群れ」からきており、「墨《すみ》群《むれ》」→スルメとなりました。ちなみに、「スルメ」のことを「アタリメ」というのは、「擦《す》る」という言葉が験《げん》が悪く、貧乏になりそうなので、「アタリ」という言葉が使われたことからきています。

◆「するめ」って？

スルメに加工されるイカは日本で最も多く獲《と》れるスルメイカ。食用イカの代表的存在で、漁獲量はイカ類全体の大半を占めます。スルメイカは日本の周辺海域を南から北へ回遊し、春から晩秋にかけて、各地の沿岸で水揚げされています。産地としては、青森の八戸《はちのへ》・小泊《こどまり》や相模《さがみ》湾が有名。特に、春から初夏にかけて出回る小型のイカは「ムギイカ」と呼ばれています。刺身や寿司《すし》ダネにも使われるヤリイカを使ったスルメは「竹葉するめ」「笹《ささ》するめ」と呼ばれ、また、ケンサキイカを使ったものは「一番するめ」と呼ばれる最高級品。ちなみに、スルメイカを使ったスルメが「一番するめ」と呼ばれます。昔は最高級品のアオリイカを使った「水するめ」「藻するめ」や外套《がいとう》を開かずに干した「袋するめ」なども作られましたが、現在ではめったに味わうことができません。

◆おいしい調理の仕方

イカのたんぱく質は良質。コレステロールが多いのですが、その低下作用を持つタウリンも多く含まれています。スルメのような干物がおいしい理由は、弾力があるので、食べるときに自然と噛《か》みしめて、旨味を最後まで味わうことができるから。また天日干しにすると、開いた面にできる膜が分厚くなります。この膜には旨味成分が凝縮されています。ただし、膜に旨味成分が集まっているため、他の部分では成分が薄くなります。スルメイカは、スルメの他に「塩辛」にも加工されます。塩辛には白、黒、赤の3種があります。白作りは、皮と内臓をとって細切りにしたイカの胴の塩漬けに、米麴《こめこうじ》を加えて発酵させたもの。新潟など日本海沿岸が主産地です。赤作りはイカの胴と足の細切りに、つぶした肝臓と塩を加えて混ぜ合わせ熟成させたもの。イカ墨を加えた黒作りは、黒い色と独特の風味があり、富山県の特産品です。

◆ところ変われば呼び名も変わる

スルメイカ（一般）
マツイカ（関西）
トンキュウ（九州）
マイカ、ガンゼキ、
ムギイカ

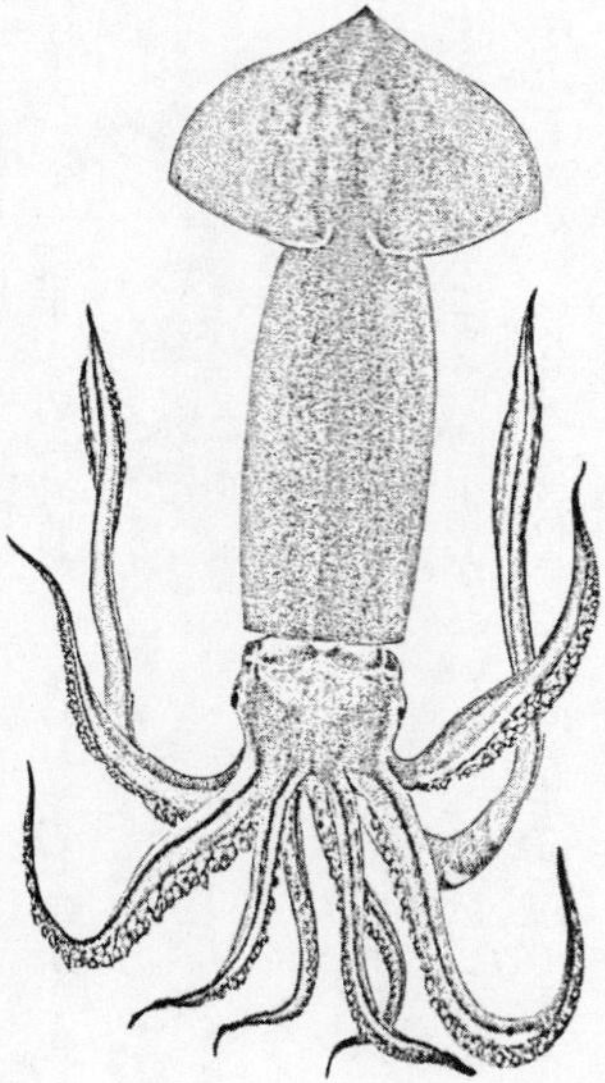

スルメイカ　全長約30センチメートル。日本近海に広く分布。

鰝《いせえび》

◆どうしてこんな字？

中国では「オオエビ」を指す漢字ですが、日本では「イセエビ」を意味します。「イセエビ」はふつう伊勢海老と書かれます。イセエビは別名カマクラエビとも呼ばれますが、これは伊勢や鎌倉という産地の名称がそのまま付けられたものです。

◆「いせえび」って？

日本では古来から武勇と長寿の象徴として、慶事には欠かせないイセエビ。その姿が美しいので、お正月のお飾りなどにも使われています。イセエビは、本州の中部から九州、朝鮮半島、台湾に分布する水産上の重要種。昼間は岩棚に潜っていて、夕方から餌の小動物を求めて海底を歩き回ります。5～9月が産卵期で、卵の数は最大で60万粒にも達するとか。35～50日で「フィロソーマ」という平たい幼生が孵《ふ》化《か》します。約1年で体長2センチメートルの「プエルルス」という小さなイセエビに成長。最近では、生息数が減少しているため、この「フィロソーマ」や「プエルルス」からの養殖実験に期待が集まっています。イセエビと並ぶ勢いで人気のあるロブスターは、エビ類の中でもっとも大きいザリガニの仲間。日本では獲れないのでヨーロッパやアメリカから輸入されています。

◆おいしい調理の仕方

イセエビは殻や頭など食べられない部位の割合が60%にもなる廃棄率の高いエビ。高たんぱく、低脂肪で、カリウムやリンが多く、ビタミンB_1・B_2、ナイアシンなどが含まれています。

肉はほんのりと甘く淡白な味で、殻ごと食卓に上ることが多いエビ。縦に二つ割りにして焼いた「鬼殻焼」や、殻ごとぶつ切りにして煮た「具足煮」のほか、刺身や蒸し物、クリーム煮、冷製料理などにも使われます。イセエビは死ぬと傷《いた》みが早いので、できれば活《い》けものを使いましょう。グッタリしているものは避け、元気に動き回っているものを選びます。また、殻がかたく、太っているものが美味。ロブスターは、最大で65センチメートルにもなるエビ類最大の種。甘味が濃くおいしいので、欧米では高級料理の材料として、オードブルや焼き物などに広く使われています。

◆ところ変われば呼び名も変わる

イセエビ（一般）　カマクラエビ、シマエビ、ホンエビ、グソクエビ

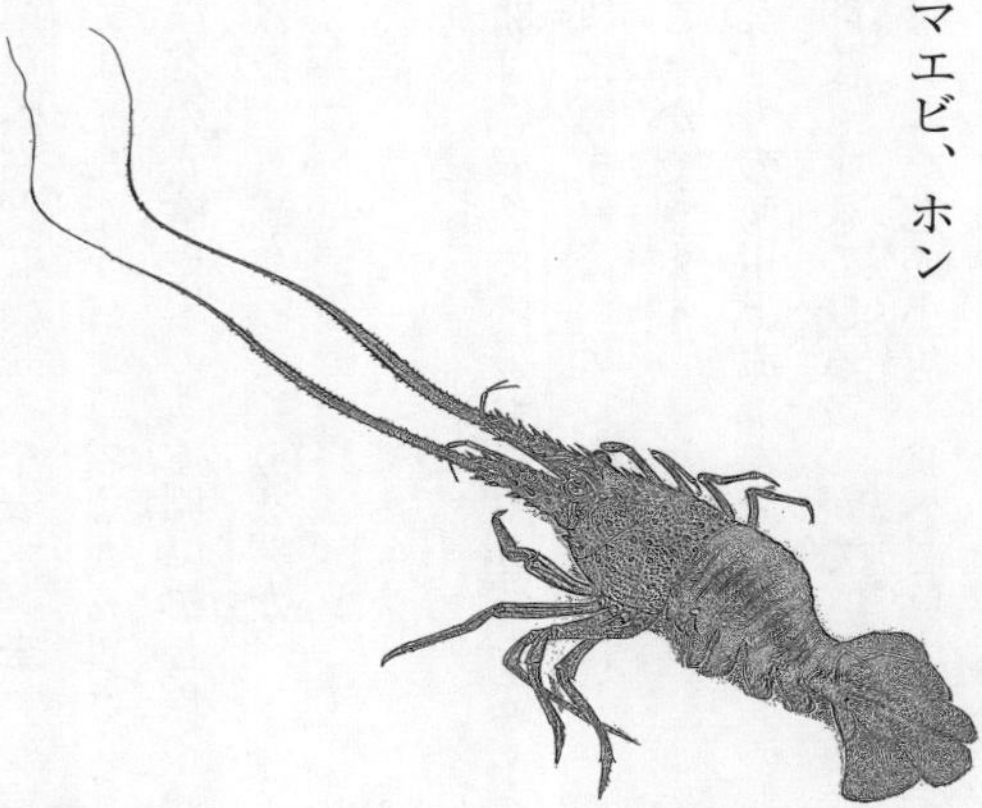

イセエビ　全長約30センチメートル。本州中部から九州、朝鮮半島南部、台湾に分布する。

鮇《いわな》

◆どうしてこんな字？

音で「ミ」と読みます。魚へんとこの読みを表す「未」のつくりとで成り立っている漢字です。またイワナは岩魚とも書き、その語源は諸説あるのですが、渓谷の岩陰や岩のある淵《ふち》に棲む魚ということから「岩場の魚」→「イワナ＝岩魚」となりました。

◆「いわな」ってどんな魚？

イワナはサケ科の魚。サケ・マスの仲間は環境条件によって生き方を変えられる特性をもち、イワナ属はその典型です。餌《えさ》に恵まれないような条件ではじっと耐え、好転した際に一挙に成熟して繁殖を行うことができます。

「ゴギ」の異名をとるイワナは、本州中部地方の河川上流部に分布。多くのサケ類と異なり、海へと下ることは少なく、産卵後も生きのびることができます。小型のものは昆虫が主な餌ですが、大型のものはアユなどの小魚も食べています。

また、「ヤマトイワナ」の別名をもつイワナは、本州中部から紀伊半島中部の太平洋岸の河川の上流に生息。冬は底生昆虫を、夏はトンボやクモなどを食べて生活します。

そして、「オショロコマ」は、日本では北海道だけに分布するイワナ。底生昆虫を主に食べ、秋には他のサケ科の卵を好んで食べます。

◆おいしい調理の仕方

同じ川魚でも、アユが上らない上流にヤマメがすみ、ヤマメの上らない上流に棲むのがイワナ。淡水魚の中でもっとも高いところに棲んでいます。イワナはアマゴやヤマメよりも味が劣るといわれています。しかし、イワナが棲む川にヤマメがいない場合、昆虫などをたくさん食べられるので、味がよくなるそうです。刺身や塩焼きにして食べますが、肉質がやわらかいので、調理のときには注意が必要です。

栃木県鬼怒《きぬ》川の最上流地域では、5月の節句にイワナを釣り、餅《もち》といっしょに煮込んだ「よっこ餅」を作ります。これはこの地方に古くから伝わる、節句に欠かせないごちそうです。また、素焼きにしたイワナに熱燗《あつかん》の酒をかけて独特の風味を楽しむ「骨酒《こつざけ》」も人気があります。焼きたてのイワナの香りと味がしみた骨酒を回し飲みして楽しみます。

◆ところ変われば呼び名も変わる

イワナ（一般）　ゴギ、イモウナ、イモナ、ヤマト

イワナ

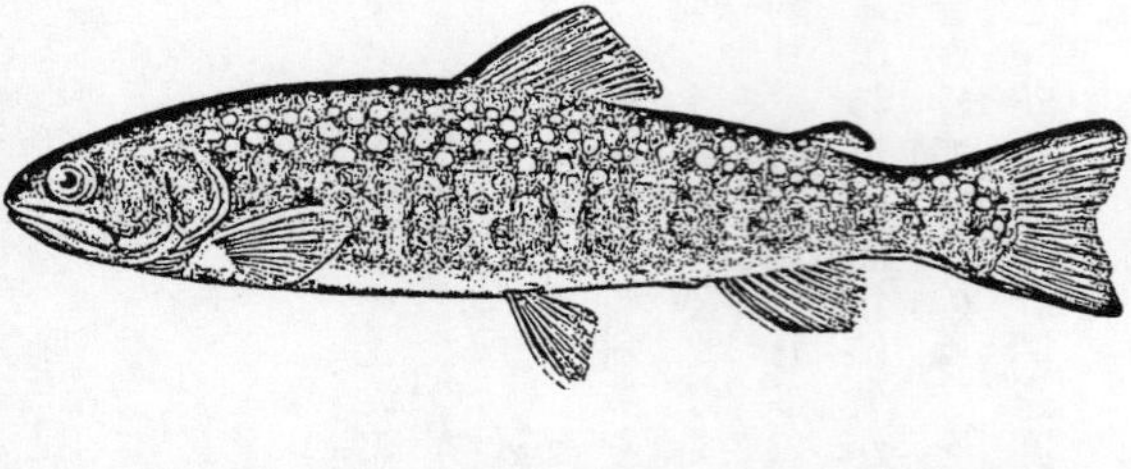

イワナ　全長約20〜30センチメートル。本州中部地方の河川上流部に分布。

鯇《あめのうお》

◆どうしてこんな字？

分布が琵琶湖に限定されていたため別名ビワマスと呼ばれるアメノウオ。つくり「完」には、ずんぐりと丸いという意味があり、マスに似たずんぐりと丸い魚ということからアメノウオの字となりました。また「鰀」という漢字も使われます。アメノウオは秋に雨が降って増水すると、産卵のために大挙して川を上るため「雨の魚」と呼ばれるようになりました。

◆「あめのうお」ってどんな魚？

アメノウオはサケ科の魚「サクラマス」の亜種といわれ、分布は琵琶湖に限定されることからビワマスとも呼ばれます。

サケ科の魚類は、基本的に海と川などの淡水域を回遊します。ビワマスの祖先も、氷河期の頃に海を伝って琵琶湖に入り、そこに閉じこめられて分化したものと考えられています。そのため、マスの仲間なのですが、海には下らず淡水の湖で生活しています。成魚になっても口の先が曲がらず、大きい目をしているなど、幼い特徴をそなえたままで成熟します。水温は13度前後を好み、夏は表層の高い水温をきらって中層より深いところを泳ぎ、晩秋には琵琶湖北部の流入河川に上って産卵します。アメノウオは産卵期になると黒地に赤い雲状紋の婚姻色が現れ、ちょっとグロテスクな模様になります。現在では、琵琶湖以外にも移殖され、長野県木崎湖や芦《あし》ノ湖、日光中禅寺湖にも生息しています。

◆おいしい調理の仕方

アメノウオは「琵琶湖のトロ」と称されるほど美味な魚。夏の産卵期前に脂がのり、刺身にされるほか、塩焼きや照焼きがおいしく、マリネやフライなどにもされます。地元の琵琶湖周辺では、尾頭付きの「活け造り」にしたり、発酵寿司の「なれずし」にするなど、さまざまに料理して食べています。特に「アメノウオご飯」は滋賀県の食の無形文化財にも指定される名物料理です。これは、アメノウオの切り身と人参やゴボウなどの野菜、油揚げなどを昆布だしで炊《た》き込んだご飯。祭りなどのときに作られていましたが、現在では魚の漁獲量が激減している上に、食べる機会もなくなってきていることから、作ることも少なくなったとか。滋賀県では郷土料理の保全に努力しているそうです。

◆ところ変われば呼び名も変わる

アメノウオ（一般）　ビワマス

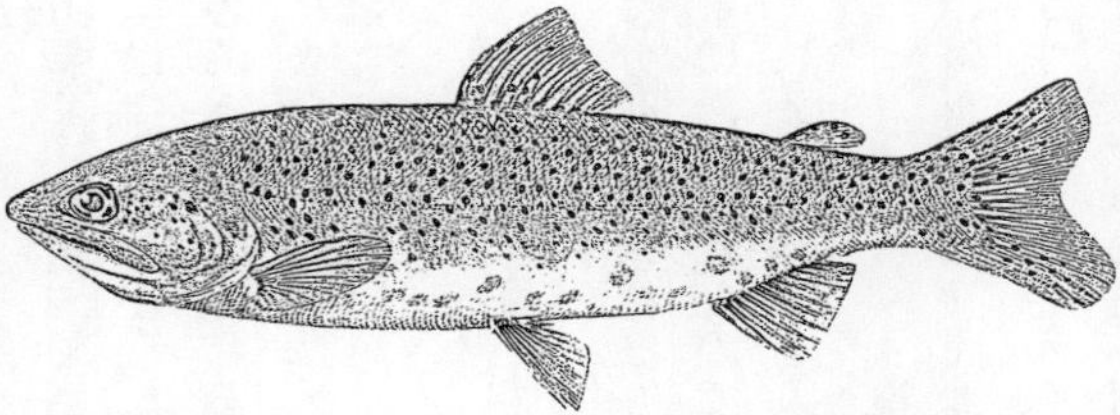

アメノウオ　全長約40センチメートル。滋賀県の琵琶湖、長野県木崎湖や芦ノ湖、日光中禅寺湖他に生息。

鰰 はたはた

◆どうしてこんな字？

ハタハタの「ハタ」には「はためく＝鳴り響く、とどろく」の意味があります。そして鰰のつくり「神」は「はたはたとどろく神鳴り」を意味し、ハタハタが日本海沿岸で雷のある季節に獲《と》れる魚ということから、この字が当てられています。またハタハタはカミナリウオとも呼ばれ、その名の通り「鱩」とも書きます。

◆「はたはた」ってどんな魚？

ハタハタは北海道から山陰までの日本海と東北の太平洋に分布し、水深200〜400メートルの砂泥底に棲《す》みます。昔は秋田県沿岸で大量に漁獲されたのですが、近年は激減。最近では韓国からの輸入モノが増えています。しかし、韓国産は大ぶりで色も黒っぽく、味はやはり国産モノのほうが上です。

ハタハタは体にウロコがなく、肌はなめらかで側線もないのが特徴。昼間は砂泥に潜り、朝と夕方に活動して小魚や小型のイカなどを食べます。11月下旬から12月上旬の産卵期になると、浅瀬に来て海藻などに卵を産みつけます。冬の日本海では、降雪の前兆である雷が鳴る頃に岸に押し寄せるので、カミナリウオと呼ばれるようになりました。昔は冬、雷が鳴って海がシケるとハタハタが豊漁になるとの迷信があり、多くの漁師たちが荒海へ漁に出かけ、命を落としたということです。

◆おいしい調理の仕方

ハタハタの身肉は淡白で、甘味のある白身はよくしまっており、塩干品や味噌《みそ》田楽、味噌煮などにされています。特に「しょっつる鍋《なべ》」や「ハタハタ寿司《ずし》」などの郷土料理は有名。「しょっつる」とは秋田特産の魚醬油《じょうゆ》で、ハタハタの塩漬けを発酵させてできた「上ずみ液」のことです。しょっつる鍋は、この上ずみ液に季節の野菜や魚介類を入れてつくります。「ハタハタ寿司」は、魚と塩と麴《こうじ》とご飯を2〜3週間漬け込んだなれずし。秋田では正月料理にもなっています。また、ハタハタの丸干しは、あぶって食べてもおいしいのですが、良い出汁《だし》が出るので、炊き合わせにしてもいけます。ホンダワラなどの海藻に産みつけられたハタハタの卵は「ぶりこ」と呼ばれ、弾力があり歯ごたえもよく、とろりとした食感。「ぶりこなます」などで珍重されています。

◆ところ変われば呼び名も変わる

ハタハタ（一般）　カミナリウオ（秋田）　シマジ（新潟）　ハダハダ（秋田、山形、富山）　オキアジ（京都）　カタハ、カハタ、シロハタ、ハタ（鳥取）

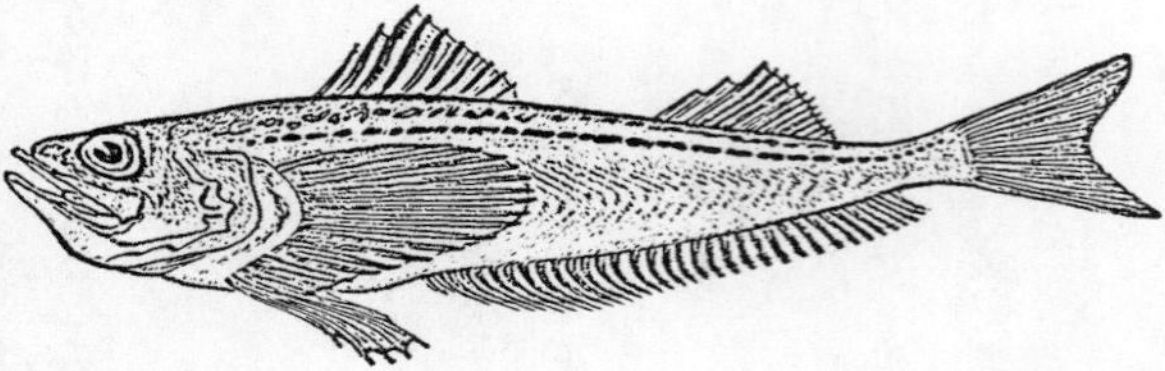

ハタハタ　全長約20センチメートル。北海道から山陰までの日本海、東北の太平洋に分布。

鰶《さんま》

◆どうしてこんな字？

サンマは、ふつう漢字では「秋刀魚」と書きます。これは「秋によく獲れる刀に似た魚」ということに由来します。江戸時代には河《か》岸《し》にサンマが入荷するとお祭り騒ぎになったことから鰶とも書きました。本来、鰶はコノシロを指す漢字。サンマの語源は「体が狭い魚」を意味する、「狭真魚《さまな》」が転化したものです。

◆「さんま」ってどんな魚？

秋の魚の代表選手であるサンマは、日本から北アメリカにかけての北太平洋全域に広く分布。日本のサンマ漁は、北海道と東北地方の沖合で約80%を占めています。サンマは大群を作って、秋から冬にかけては南下、冬から春にかけては北上する季節性の回遊魚。光に集まる性質をもっているので、これを利用して棒受網やすくい網で漁獲されます。冷凍モノも多く出回っていますが、味はそんなには悪くありません。旬《しゅん》の時期に北の海で獲れた冷凍モノは、旬をはずした南の海で獲れた鮮魚よりもおいしいのが特徴。ただ、旬の秋の季節には、前年の冷凍モノを解凍して、鮮魚と一緒に売る店もあるそうなので注意が必要です。鮮魚は口先のオレンジ色がはっきりしていますが、冷凍モノを解凍したサンマは不鮮明な色をしているので、見分けることができます。

◆おいしい調理の仕方

サンマは脂《あぶら》のノリが命。漁の時期によって脂肪の含有量が大きく違います。冬から春にかけて北上するサンマには脂肪分が少なく、秋に南下するサンマは逆に脂がのって特に美味。9月下旬から10月に三陸沖で獲れるものは、脂肪率が最高で20％以上にもなります。サンマはビタミンB_2を多く含む魚で、脂肪分には脳を活性化する作用をもつＤＨＡがたくさん含まれています。尾のつけねが黄色で、口先がオレンジ色をしていたら、たっぷりと脂がのっている証拠です。サンマは内臓ごと塩焼きにすることが多いのですが、内臓も味わうなら一番のポイントは鮮度。背の青黒い色や腹の銀色が鮮やかで、表面が光っていると新鮮。鮮度が落ちると色がくすみ、表面も白っぽく濁ってきます。ウロコは、漁の際に剝《は》がれることが多いので、鮮度の目安にはなりにくいでしょう。

◆ところ変われば呼び名も変わる

サンマ（一般）　バンジョ（新潟）　カド（三重）
サイラ（関西）　サヨリ（富山）　マロカド（鳥《と》羽《ば》）　セイラ（長崎）

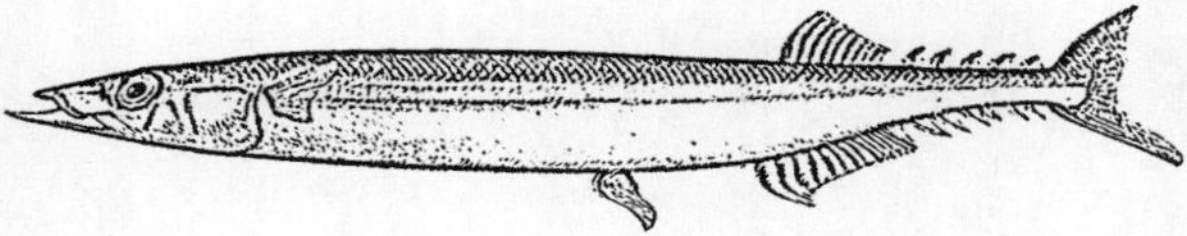

サンマ　全長約35センチメートル。日本から北アメリカにかけての北太平洋全域に広く分布。

鱘《ちょうざめ》

◆どうしてこんな字？

キャビアで有名なチョウザメ。その名前は「姿形が鮫《さめ》に似ている」ことと「5列ある菱形《ひしがた》の大きなウロコが蝶番《ちょうつがい》のように見える」ことに因《ちな》んでいます。鼻が長い形態から、チョウザメはカジキマグロとも混同されていました。チョウザメの字源は「深い淵《ふち》に潜んでいる魚」という意味です。チョウザメは、「蝶鮫」「鰉」（大きい魚の意。ヒガイも指す）という漢字で書かれることもあります。

◆「ちょうざめ」ってどんな魚？

チョウザメは、サメの仲間ではありません。硬い骨を持つ硬骨魚類に分類され、やわらかい骨を持つ軟骨魚類のサメとは違う種類の魚です。チョウザメの卵巣《らんそう》の塩漬けは「キャビア」といわれ、珍重されます。チョウザメ科は約20種が知られていますが、卵（キャビア）が獲れるチョウザメとしては、カスピ海に棲んでいるベルーガ、オシエトラ、セヴルーガが代表的です。ベルーガはもっとも大きいチョウザメで、体長4メートル以上になり、体重は平均で200キログラム前後あります。

成熟するまでに20年近くかかり、中には体重が1トンを超えるものもいます。オシエトラは、体長約1・6メートル、体重約60キログラムで、12〜13年で成熟します。セヴルーガは体長約1・5メートル、体重25キログラム前後のスマートな体型で、約8〜9年で成熟します。チョウザメは、かつては北日本にも生息し、産卵期には北海道の石狩川や天塩《てしお》川を溯《さかのぼ》っていましたが、現在ではほとんど姿を見せません。

◆おいしい調理の仕方

「キャビア」は、トリュフ、フォアグラとともに「世界三大珍味」のひとつと呼ばれています。チョウザメの名前と同じくキャビアもベルーガ、オシエトラ、セヴルーガと区別され、粒が大きいものほど高価。特にロシアやイランで加工されたものが良質です。ベルーガはもっとも大粒で、パールグレーに輝く最高級品。オシエトラは中粒で金茶色、または暗い茶色。セヴルーガは小粒で、黒みが強いのが特徴です。

そば粉の入った「ブリニス」（ロシア風パンケーキ）にのせて、サワークリームを添えて食べるのが、キャビアのおいしい食べ方です。20度以上の室温だと、2〜

3時間で変質してしまうので、かき氷の上に容器ごとのせて供します。卵料理に添えたり、ソースに加えるのも贅沢《ぜいたく》な楽しみ方。北欧では、ランプフィッシュ（ダンゴウオ）の卵を着色した模造品が作られていますが、カナッペにしたときにパンに色がつくため、容易に区別できます。

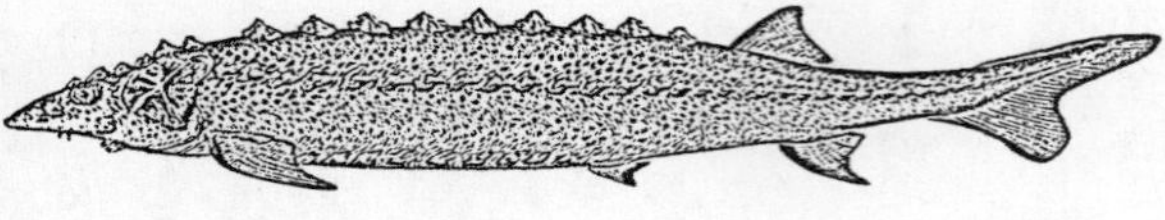

チョウザメ　全長約1.5〜4メートル。北半球の寒帯や温帯の淡水、海水域に生息。ベルーガ、オシエトラ、セヴルーガの各種はカスピ海に生息。

魛 たちうお

◆どうしてこんな字？

銀白色に輝く細長くて薄い体が「太刀《たち》」を思わせることから、「太刀魚」の名前がつけられました。また、海底から浮上するときに、頭を上にして垂直に泳ぐことから「立ち魚」と呼ばれたという説もあります。タチウオを略して「タチ」「タチオ」、白いからという理由で「ハクウオ」と呼ばれることもあります。また、この字はエツ（有明海特産のカタクチイワシ科の魚）やダツ（ダツ科の海魚）を指す場合もあります。

◆「たちうお」ってどんな魚？

タチウオは、北海道南部から南へかけての日本の沿岸全域に分布しますが、瀬戸内海や九州など南日本が主な産地となっています。世界中の暖海の沖合に近縁種が棲んでおり、最近では中国、タイ、フィリピンなどからも多く輸入されていますが、味は近海もののほうがいいとされます。タチウオの背ビレは後頭部から尾の先端近くまでつづく長いもので、腹ビレと尾ビレはありません。体の表面にはウロコがなく、全身がアルミニウムのような金属光沢のある銀粉で覆《おお》われています。これはグアニン色素と呼ばれるもので、模造真珠の原料とされます。タチウオは水深100メートル程度の陸棚上の砂泥底に群れをつくって棲み、朝夕に海面に浮上する習性があります。産卵期は夏〜秋で、ちょうど漁期と重なります。タチウオは網で獲《と》られることが多いため、体表のグアニン色素が剝げやすくなっていますが、鮮度が落ちるとさらに銀色が剝げてきます。

◆おいしい調理の仕方

大きいものは約1・5メートルに達しますが、1メートル前後のものがおいしいといわれます。肉質はやや柔らかいものの、風味がよく、適度に脂肪がのっています。旬は秋頃ですが、1年間を通じてほとんど味が変わりません。骨離れがいいので、塩焼きや照焼きなど、焼き物に向いていますが、淡白な味ですので、から揚げや竜田揚げ、煮物など、さまざまな用途に使えます。ごく新鮮なものなら、刺身もいいでしょう。昔から瀬戸内海はタチウオの好漁場であったため、関西では特に好まれています。日本料理の食材として欠かせませんが、もちろん中華料理や、「ポワレ」など、フランス料理にも使われます。切り身で売られているものは、銀色の輝きが美しいものを選んでください。また、目が黒く澄んでいて、目のまわりが白いものが国産。黄色いものは輸入モノです。

◆ところ変われば呼び名も変わる

タチウオ（一般）　カタナ（富山）　シラガ（新潟）　ダツ（秋田）　ヒラガタナ（秋田）　タチオ（東京・有明海・関西・紀州）　ハクノイオ（鳥取、宮城）　タチンジャ（沖縄）　ハクウオ（宮城）　ハクイオ、タチヨ（鳥取、宮城）　タチ

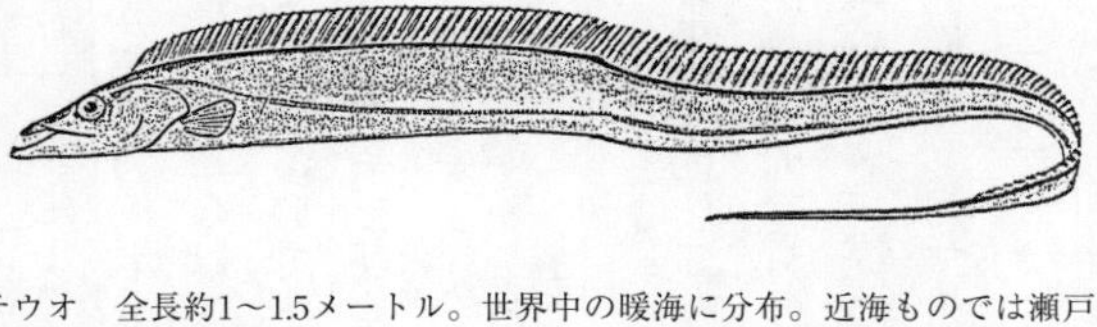

タチウオ　全長約1〜1.5メートル。世界中の暖海に分布。近海ものでは瀬戸内海産、九州産などが有名。

魳《かます》

◆どうしてこんな字？

カマスという名前の由来は、その大きな口が「叺《かます》」（藁《わら》むしろで作られた穀物や石炭を入れる袋）に似ていることからつけられました。老魚といわれるカマスには、「鰤」という漢字が与えられていますが、ブリと同じ漢字になるため魳と書かれることが多いです。また、はた織り道具の杼《ひ》（梭）に形が似ているからか、糸をひく力が強いからか、「魣」「梭魚」「梭子魚」とも書かれます。

◆「かます」ってどんな魚？

カマスの仲間は、南日本からインド洋、西太平洋の比較的沿岸部に生息しています。日本近海のものでは、6～7種類が食用にされますが、その代表的なものが「アカカマス」と「ヤマトカマス」です。市場では、どちらもカマスの名で売られていますが、脂がのっておいしいのが、アカカマス（本カマス）。ヤマトカマスはアオカマス別名ミズカマスといわれ、やや水っぽい味です。また、ヤマトカマスは体がやや茶褐色を帯び、とも呼ばれ、「アカ」「アオ」で区別することもあります。

腹ビレが背ビレよりも前方にあるのがアカ。体が青みがかっていて、腹ビレと背ビレの位置が揃《そろ》っているのがアオです。カマスは引きが強く、ゲームフィッシングに向いていますが、先の尖《とが》った包丁を「鰤《かます》（魣）切先《きっさき》」というように、危ないイメージのある魚です。亜熱帯にすむオニカマス（バラクーダ）は、シガテラという強い毒素を持っていることがあります。

◆おいしい調理の仕方

カマスは、開き干しがもっともおいしいとされます。こぶりのカマスは、頭を残して背開きにし、さっと塩をあてて、半日ほど露天干しし旨味《うまみ》を凝縮します。脂ののったカマスの干物は高級干物のひとつで、特に紀伊《きい》半島・串本《くしもと》の開き干しは絶妙の塩加減で、名産品となっています。開き干しを焼くには、皮の方から焼くのが基本。焼きすぎは禁物で、身にキツネ色の焼き目がつくまで。もちろん、干物以外の食べ方も。夏場はヤマトカマスが旬。アカカマスは秋になってからで、特に初冬のものが脂がのっています。クセのない淡白な味の白身で、塩焼きが一番です。天ぷらやフライなど油を使った料理にも向いています。獲れたての身肉の締まりのいいものは刺身がよく、タタキもすこぶる美味です。

◆ところ変われば呼び名も変わる

アカカマス（一般）　ホンカマス（東京）　オキカマス（高知）　アブラカマス（伊豆）　シャクハチ（和歌山）　ドロカマス（和歌山）　アラハダ

ヤマトカマス（一般）　ミズカマス（東京）　イソカマス（高知・和歌山）　ギュロギュウ（和歌山）　アオカマス（和歌山）　クロカマス（和歌山）

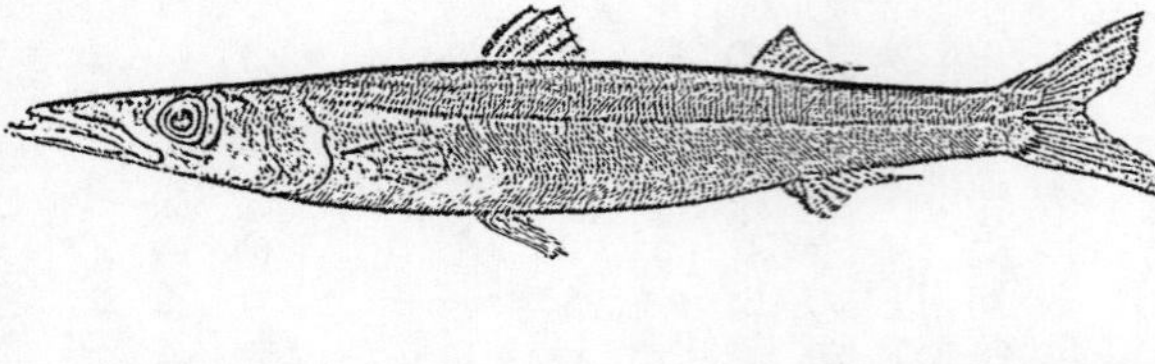

ヤマトカマス　全長約45センチメートル。近海では相模湾、播磨灘などが産地。

魴 まとうだい

◆どうしてこんな字？

マトウダイの名前は、体の中央にある円紋を弓の的に見立てたことから「的鯛」→マトウダイとなりました。また、頭が馬の顔に似ているので「馬頭鯛」とする説もあります。地方名も、「マト」「ウマダイ」などに分かれています。「魴」という字は、近縁種の「カガミダイ」を指すこともあります。

◆「まとうだい」ってどんな魚？

マトウダイのトレードマークになっているのが、体側のど真ん中にある「黒い斑《はん》紋《もん》」です。日本では「矢の的」にたとえられますが、西洋では「イエスの指の痕《あと》」と見立てて「聖人ペテロの魚」などと呼ばれています。ウロコはなく、大きな背ビレは「トゲ状」になっていて、成長とともに先端が糸状に伸び、尾ビレに届くほどになります。また、斜め上を向いた「受け口」も特徴的です。普段は上下の顎《あご》が折りたたまれ、餌《えさ》の小魚が近づいてくると、口を前方に伸ばして丸飲みにします。このようにユニークな特徴をたくさん備えたマトウダイですが、淡白でコクのある美味な白身魚としても名高い魚です。マトウダイは本州以南の西部太平洋、インド洋に広く分布していますが、日本での名産地といえば、瀬戸内海。水深100～200メートルの砂泥底にいるため、底引網で捕獲されます。比較的漁獲量の多い関西地方では、新鮮なマトウダイは高級魚として扱われています。

◆おいしい調理の仕方

マトウダイは、体の3分の1近くを内臓が占めています。肝臓が特に大きく、美味といわれます。蒸し物や煮付けにしたり、とびきり新鮮なものは生で賞味したりします。肉質もかなりよく、甘味を感じるほどです。刺身をはじめ、汁の実、昆布締めなど、和風でいただくのが一般的ですが、最近では、欧風レストランでも積極的に使われています。もともと欧米では、ムニエルやグリエ、スープなどで食べられています。クセがない白身魚ですから、どんな料理にもマッチしますが、内臓が大きく、傷《いた》みやすいのが難点。そのため、多くはかまぼこの材料に回されます。鮮魚を見極める際は、皮肌につやがあり、黒斑《くろふ》が鮮明で、腹部に張りのあるものを。マトウダイの旬は、4～5月ごろ。冬に脂がのり、身が凸レンズのように厚くなります。形がよく似ている「カガミダイ」は、斑点がなく、味も劣るとされます。

◆ところ変われば呼び名も変わる

マトウダイ（一般）　マト（東京・三崎・明石・紀州・高知）　クルマダイ（新潟・富山・福井）　ウマダイ（富山）　スベコ（千葉）　マトハギ（関西）　カネタタキ、バトウ

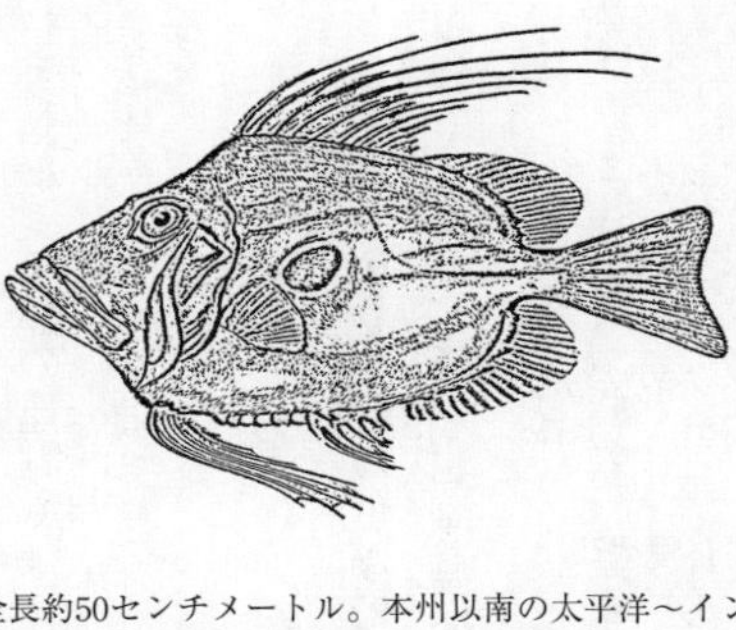

マトウダイ　全長約50センチメートル。本州以南の太平洋〜インド洋の温帯海域に生息。近海では房州、瀬戸内海沿岸。

鮍《かわはぎ》

◆どうしてこんな字？

カワハギは、かたくてぶ厚い皮に覆われています。まず、この皮を剝《は》がないことには、調理にかかれません。それで「皮剝ぎ」という名前がつき、「鮍」の字が当てられました。一部の地方では、丸裸にされることから「バクチウオ」などといわれています。

◆「かわはぎ」ってどんな魚？

カワハギはフグの代用品に使われますが、もともとフグ目に属している魚なので、おいしくて当たり前です。「ハゲ」の名前でも親しまれるカワハギは、北海道以南から東シナ海までの沿岸からやや沖合に生息しています。目がクリンとして、オチョボ口、動物のように愛嬌《あいきょう》のある顔立ちで、「ウシヅラ」とも呼ばれます。背ビレのひとつが小さな角のように見えることから、ついたアダ名が「ツノコ」。体の皮はヤスリのようにザラザラしていますが、これは表面に小さなトゲがあるためです。皮は口先の方から尾へ向かって引っ張って剝ぐのが基本。指先に塩をつけて剝ぐのがコツです。夏が旬《しゅん》とされますが、秋冬にかけても脂《あぶら》がのっておいしく、寒い季節に鍋《なべ》料理に使われます。釣りの対象としても人気の高いカワハギですが、実は歯がすごく丈夫で、小さな口で餌だけ上手《うま》く引きちぎってしまうので、意外と釣りにくい魚です。カワハギを少し細長くした形の「ウマヅラハギ」は、味がカワハギより数段落ちます。

◆おいしい調理の仕方

「カワハギは肝から食べる」といわれるほど、肝臓が大きくて味がよいことで有名。肝を食べるなら、とびきり新鮮なものを選び、生のままポン酢で賞味します。そのねっとりとした食感は「海のフォアグラ」と呼ばれるだけのことはあります。また、肝を酒蒸しで食べたり、裏ごししてつけ醬油《じょうゆ》に混ぜたりもします。煮付けや鍋物にも向いており、フグの肝の代用品としても、よく使われています。身肉は淡白な白身で、刺身で食べると、フグに匹敵する味が楽しめます。歯ごたえがあるので、薄造りにするのがポイント。肝酢につけて食べると格別です。寿司《すし》ダネに良し、チリ鍋に良し、フライやムニエルに良し。素材の味が抜群なだけに、どんな料理でも楽しめます。カワハギは表面がザラザラしているものが新鮮。20センチメートルより大きいものが上物です。ちなみに、沿岸の観光地などで売られている「カワハギの干物」は、ウマヅラハギを用いることが多いようです。

◆ところ変われば呼び名も変わる

カワハギ（一般）　バクチウオ（静岡県東部）
キンチャク（浜松）　スブタ（名古屋）　アン
ボウ（下関）　ハゲ（関西・高知）　ウシヅラ（山形）　ツノコ

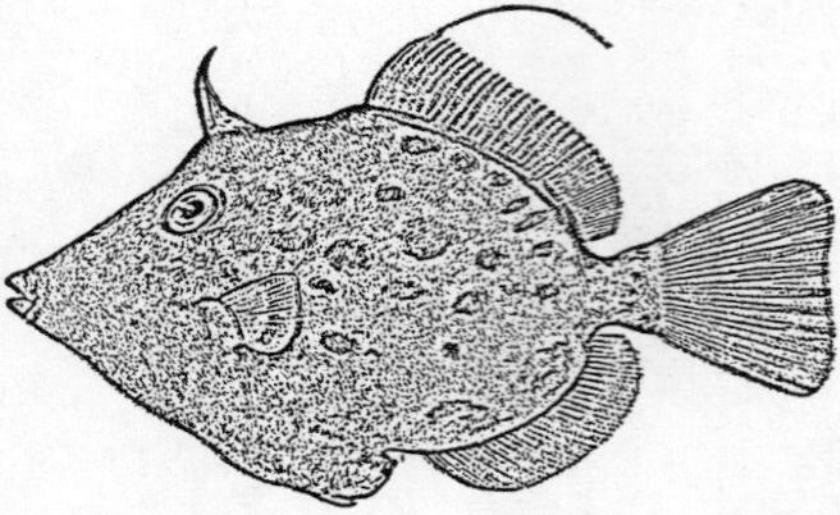

カワハギ　全長約30センチメートル。北海道以南の沿岸全域〜東シナ海に分布。九州が主産地。

鮴《めばる》

◆どうしてこんな字？

目を大きく開き、見張っているから「目張《メバル》」と呼ばれています。メバルは根魚《ねうお》と呼ばれるタイプの魚。根魚とは、岩礁《がんしょう》の間や海藻の繁るところに生息していて、その場所からあまり動かず、遠くに移動しない魚のこと。岩と岩の間に隠れて、じっと休んでいるように見えるので「鮴」。同じカサゴ科のカサゴも、やはり、根魚です。

◆「めばる」ってどんな魚？

一般に、メバルと呼ばれる魚は、メバル、ウスメバル、エゾメバル、トゴットメバルなど約30種類が知られており、いずれも目が大きくてパッチリとした特徴を持っています。メバルは日本各地の沿岸の岩礁域に生息していますが、同じメバルでも、浅海にいるものと、深いところに棲《す》むものでは、体色が異なっています。この色の違いによって、金メバル、黒メバル、赤メバル、白メバルと呼び分けることがあります。餌の違いからか、味にも違いがあって、もっともおいしいとされるのが金メバル。次いで、黒メバルが旨いとされます。魚は普通、体外で受精しますが、メバルは珍しい「胎生魚」。受精した卵は、母親の体の中でかえり、一人前の稚魚になると外へ飛び出し、プランクトンを食べて育ちます。春から夏にかけて、10センチメートルぐらいの若魚が潮の浅瀬や防波堤の周りでよく見かけられ、釣りの対象とされています。

◆おいしい調理の仕方

メバルは、高級魚ではないものの、お惣菜《そうざい》にもってこい。代表的な食べ方は、煮付け。メバルの脂肪分は約3・5%で、マダイと同じぐらいサッパリ系の白身なので、やや濃いめの味つけがおすすめ。醬油で煮るなら、1・5倍の水が適量です。頭尾ごと丸煮で甘辛く煮込むと、これぞ煮魚といった味です。火を止める前に、醬油をかけると、香りが出ます。骨離れがいいので身が食べやすく、カルシウムやビタミンCが多く含まれているので、美肌にも効きます。もちろん、焼き物や蒸し物も美味ですし、イキのいいものは刺身でも食べられます。メバルは最大で30センチメートルほどになりますが、脂がのっておいしいのは20センチメートル弱のもの。ゴワゴワしたものではなく、皮目のうすい感じのものが、オススメ。ウスメバルが地方によってタケノコメバルと呼ばれるように、タケノコが出回る、早春から夏に向けてが、もっとも食べ頃。

◆ところ変われば呼び名も変わる

メバル（一般）　シンチュウ（兵庫）　ハチメ（北陸）　ソイ（東北）　アオテンジョウ（紀州）　ハツメ（北陸）　タケノコメバル（関西）　テンコ、メバチ、メマル

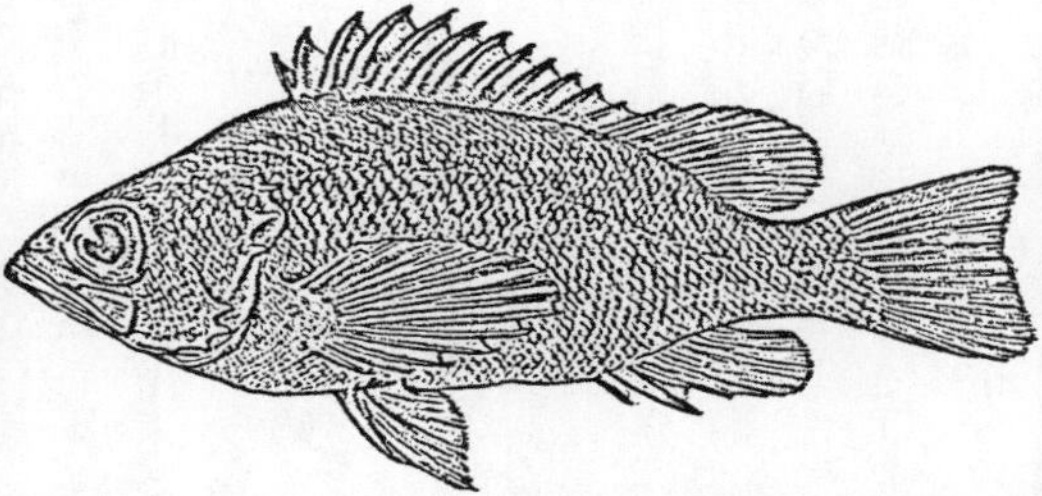

メバル　全長約25センチメートル。北海道〜九州、朝鮮半島に生息。瀬戸内海をはじめ、南日本に多産。

鰙《わかさぎ》

◆どうしてこんな字？

ワカサギを表す漢字としては、「公魚」「若鷺」もあります。公魚と呼ばれるのは、江戸時代、霞《かすみ》ヶ浦《うら》・麻生《あそう》の藩主が毎年将軍家へ年賀に参上するとき、串焼きのワカサギを献上したことに由来しています。また、若は「小さい」、鷺は「白い」を表すことからも、若鷺といわれました。鷺が捕食していた魚がワカサギだとも考えられます。

◆「わかさぎ」ってどんな魚？

もともとワカサギは、霞ヶ浦（茨城県）や宍道湖《しんじこ》（島根県）といった、淡水と海水が混ざりあう「汽水湖」に生息していた魚です。ところが、ワカサギは順応性が高く、淡水にも、海水にも適応し、水温にも慣れてしまう特性がありました。ワカサギは美味な魚で、商業的な価値が高かったため、琵琶湖をはじめ、今では全国各地の湖沼に移殖放流されています。ワカサギは1年で成熟し、全長10～13センチメートルになります。曳網《ひきあみ》や刺網などで捕獲され、市場に出回ります。現在では、淡水産のワカサギが主流ですが、宍道湖ものなどは根強い人気を持っています。

また、湖に張った氷に穴を開け、釣り糸を垂らす「ワカサギ釣り」は、昔も今も、冬の風物詩です。ワカサギによく似たものに、チカという魚がいますが、こちらは大型（全長約25センチメートル）で、骨が硬く、やや青臭い匂《にお》いがします。北海道ではチカのことを、ワカサギと呼んでいます。

◆おいしい調理の仕方

ワカサギは、「ジャパニーズ・スメルト」という英名を持つ、とても日本的な魚です。シシャモなどと同じく、きゅうりの匂いがするキュウリウオ科に属していきます。泥臭さはなく、あっさりとした風味で、とても食べやすい魚です。ワカサギには、鉄分、ビタミンB_1、ビタミンEのほか、カルシウムが豊富に含まれています。カルシウムは骨や歯を強くするだけでなく、ストレスを和らげる働きがあります。ワカサギは、頭から骨まで丸ごと全部食べられるので、カルシウムを摂取するのにピッタリ。ワカサギは、鮮度の低下が早いので、冷凍ものが多いのですが、鮮魚を買うときも、銀色に輝く新鮮なものを選び、まず白焼きにしてから、から揚げ、甘露煮、南蛮漬けなどにするのがオススメ。もちろん、天ぷらや照焼きも美味。ワカサギにもっとも脂《あぶら》がのるのは、寒い季節、2～3月頃です。

◆ところ変われば呼び名も変わる

ワカサギ（一般）　ソメグリ（北陸）　サギ、マハヤ（霞ヶ浦）　シラサギ、アマギ（山陰）　オオカワ、オオワカ、コワカ（福島・群馬）　サイカチ（群馬）　サクラウオ（福島）　ツマ（青森）　アマサギ（山陰）

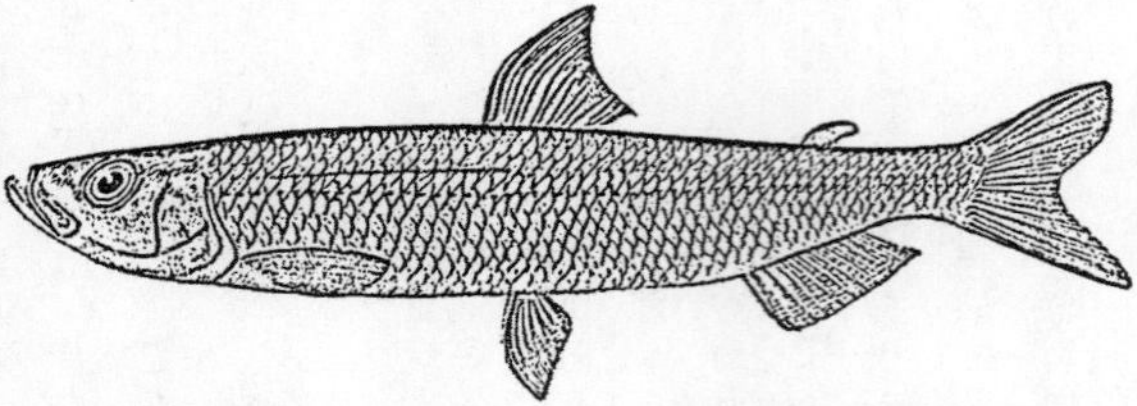

ワカサギ　全長約10～13センチメートル。島根県以北の日本全域、朝鮮半島に分布。北陸、霞ヶ浦などが名産。

鯥《むろあじ》

◆どうしてこんな字？

ムロアジは、アジ科ムロアジ類の魚で、クサヤの干物に使われます。干物を作るとき、発酵した塩水に漬けますが、この「クサヤ汁」のことを「魚室《ムロ》」ということから、「室鯵《むろあじ》」の名前が生まれました。クサヤの干物は、特に東京で好まれますが、独特の臭みがあるため、人によって嗜好《しこう》の差が激しい食品となっています。

◆「むろあじ」ってどんな魚？

一般に「ムロアジ」とは、ムロアジという名前の魚を指すと同時に、ムロアジ類のことも表します。ムロアジ類は、マアジ類よりも暖かい海を好み、本州中部以南の太平洋、インド洋に分布しています。日本近海では、伊豆諸島を中心に、ムロアジ、モロ、クサヤモロ、オアカムロ、アカアジ、マルアジといった数種類のムロアジが生息しています。ムロアジ類は、背ビレと尻《しり》ビレの末端に少し分離した「小離鰭《しょうりき》」があるのが特徴です。棒受網や刺網で漁獲されますが、中でも漁獲量が多いのがムロアジやマルアジ。特に夏から秋にかけて、大型のものが獲《と》れます。それらはたんぱく質やカルシウムを含むものの、脂肪が少なく、やや水っぽい味がします。一部の新鮮なものは、刺身や塩焼きにされますが、肉質がやわらかいため、干物にしたほうが旨味《うまみ》が濃縮されるといわれます。「クサヤの干物」はクサヤモロを使ったものが最上級の味といわれています。

◆おいしい調理の仕方

ムロアジ類は脂が少なく、鮮度も落ちやすいので、多くは干物にされます。伊豆諸島特産の有名な「クサヤの干物」は、開いた魚を塩水に10〜20時間つけ、水洗いした後、天日に干すという簡単なものですが、同じ塩水を使いつづけるため、魚の脂肪や体液、エキス分が濃縮され、それらが発酵して独特の風味が出ます。この塩水を「クサヤ汁」と呼び、中には何百年にもわたって使われているものもあります。クサヤの干物は、クサヤモロのほか、ムロアジ、マアジ、トビウオなどでも作られ、それぞれ違った味が楽しめます。クサヤの干物は、それ自体、強い匂いを持っていますが、焼くときにはさらに強烈な臭気が漂うため、最近では、焼いた物を裂いて瓶詰めにした土産品が人気を呼んでいます。

◆ところ変われば呼び名も変わる

ムロアジ（一般）　アカゼ（東京）　アカゼモロ（東京）　キンムロ（串本）　セイメイ（室戸岬）　マルアジ（大阪・広島）　アオアジ（広島）　アジサバ（富山）　マルアシ（広島）　ウルメ（鹿児島）　シロサバ（奄美大島）　ナガイニ（沖縄）　マムロ（紀州）　モロアジ（長崎）　アオアジ、ミズムロ

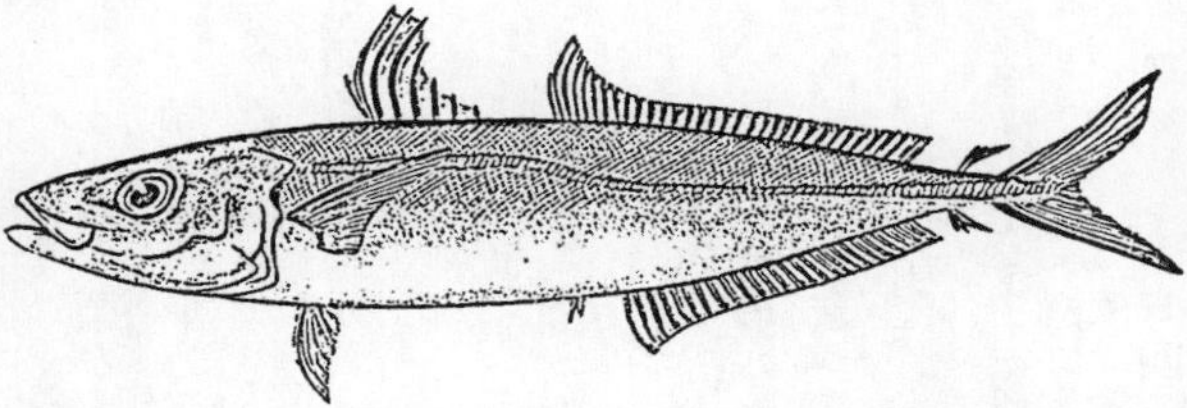

ムロアジ　全長約40センチメートル。西太平洋、インド洋など温暖な地域に分布。日本近海では、伊豆七島ものが有名。

鱰《しいら》

◆どうしてこんな字？

殻ばかりで実のない籾《もみ》のことを「粃《しいな》」といいますが、頭が大きいくせに中身はカラッポ、といった連想から「シイラ」という名前がついたとされています。暑い夏に美味となるためこの字が用いられます。頭でっかちな外見上の特徴から、「鬼頭魚」と書かれることもあります。

◆「しいら」ってどんな魚？

シイラは全世界の暖流に広く分布し、群れをなして回遊します。トビウオを追いかけて波間に躍るシイラの体色は、玉虫のごとく七色に輝き、美しいものがあります。でも、実は、精神状態によって色が変化するナイーブな魚。黒潮に乗って日本近海の表層に現れる5～11月頃が漁獲シーズンとなっています。流木など漂流物の陰を好む習性があるので、竹を束ねて海面に浮かべ、シイラをおびき寄せます。この伝統的漁法は「シイラ漬け」といわれ、日本海側の各地で行われています。主産地は山陰、北陸地方。一度で大量に獲《と》れるシイラは、別名・マンビキ（万匹）ともいわれます。水揚げされるとその巨体は緑青色を帯び、やがて色褪《いろあ》せていきます。体長が1~2メートルに達する大きな魚なので、そのままの姿で鮮魚店に並ぶことはなく、ほとんどが切り身で売られています。身くずれしていない、新鮮なものを選んでください。

◆おいしい調理の仕方

ハワイでは「マヒマヒ」と呼ばれ、超高級食材として扱われているシイラ。しかし日本ではあまり喜ばれず、安価で、大衆魚扱いを受けています。関東ではあまり馴染《なじ》みがない魚ですが、南四国や九州南部ではよく食べられています。赤みがかった白身は、脂が少なく水分が多くて、淡白な味ですから、ハワイ料理を真似《まね》て、ステーキやフライ、ムニエル、あるいはグラタンなど、バターや油を使った料理に仕立てるといいでしょう。いわゆる惣菜魚として、和風でいただくなら、塩で締めてから焼き物にするのがオススメです。また、粕漬《かすづ》け、味噌《みそ》漬けなどにすれば、風味が増しておいしくなります。あるいは、熊本の郷土料理で「マンビキの煮びたし」という食べ方もあります。近縁種で、エビスシイラという魚がいます。肉質はシイラと変わりませんが、こちらは沖合に住んでいるため、漁獲量は少なくなっています。

◆ところ変われば呼び名も変わる

シイラ（一般）　カナヤマ（五島・佐賀）　フウ

ヌイユ・ヒュウヌイユ（沖縄）　マンサク（広島・山口・愛媛）　アキヨシ（山口）　シラ（富山）

トウヒャク（中部・関西）　マヒマヒ（ハワイ）

クマビキ、トウヤク、マンビキ、ヒー

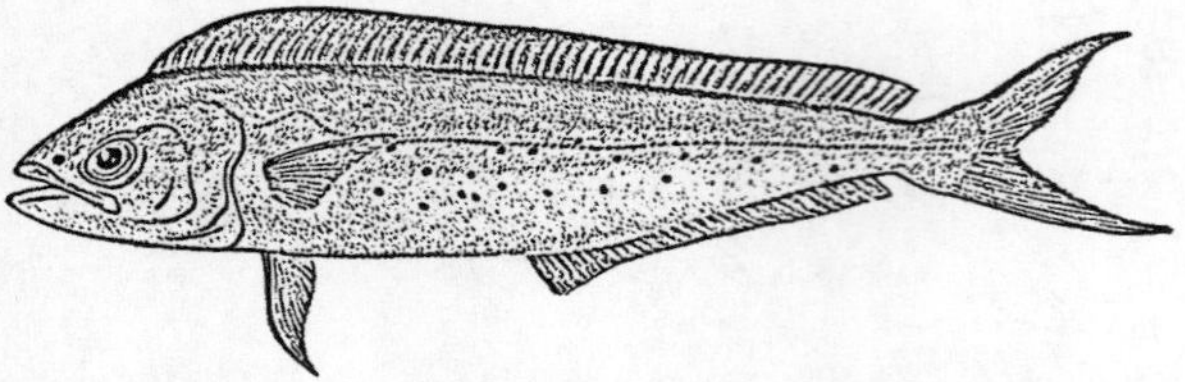

シイラ　全長1〜2メートル。全世界の暖流に広く分布。日本近海では、山陰、北陸地方が名産。

䲜　おこぜ

◆どうしてこんな字？

その形相から「虎魚」とも書かれるオコゼ。名前の由来は諸説ありますが、「オコ」は「愚かなこと」「形が怪奇で容貌《ようぼう》が醜いもの」を意味し、「ゼ」は魚名の語尾で「醜い魚」を指す説が一般的です。オコゼは古来より、豊漁を祈願する際、山の神への供え物とされました。山の神は「醜女《しこめ》」だったため、自分より醜い魚をみて、我が身をなぐさめたといわれています。

◆「おこぜ」ってどんな魚？

普通、オコゼといえば、オニオコゼのことを指します。オニオコゼ科には、ヒメオコゼ、ダルマオコゼをはじめ多くの種類がいますが、食用とされるのは、唯一《ゆいいつ》、オニオコゼだけです。オニオコゼは、本州の中部以南から朝鮮半島、東シナ海に分布しています。日本では主に、九州で水揚げされ、関東では神奈川のもの、関西では紀州加太のものが珍重されています。オコゼにはウロコがなく、生息場所によって体色が異なるという特徴があります。浅い砂泥《さでい》地に棲《す》むものは黒褐色、深くなるほど赤味または黄味がかり、各色が斑紋《はんもん》のように入り交じったものも多くなります。眼が飛び出し、下顎《したあご》が突き出し、顔はゴツゴツし、頭や背には多数の皮弁《ひべん》（藻のような皮膚の柔突起）があります。背ビレのトゲには毒がありますので、家庭で調理する場合は、ご注意ください。最近では、背ビレを取り除いて売られている場合もあります。

◆おいしい調理の仕方

何とも器量の悪いオコゼですが、味のほうはすこぶる美味。白身の薄造りのシコシコした歯ごたえは、フグに似た淡白な味で、魚食いたちを虜《とりこ》にします。旬《しゅん》は春から夏にかけてで、薄いピンク色をした弾力のある身が新鮮さの証《あかし》です。刺身のほかに吸物もよく、酒でゆっくり煮込んだすっぽん仕立ての吸物は、夏向きのお椀《わん》です。油との相性もよく、ことに、から揚げは「数ある魚の中で一番旨い」といわれるほど。背割りした姿揚げは骨もコリコリとして食感が楽しめ、レモンを添えて、さっぱりといただきます。白身は脂肪分が少なく、骨にはカルシウムがあり、皮にはゼラチン質が多いので、健康的な食べ方といえるでしょう。1尾丸ごと買うのなら、皮に張りがあり、表面がザラザラしたのを選ぶのがコツ。家庭で捌《さば》く場合は、毒のある背ビレに気をつけ、最初に取り外し、捨てるときは焼いて炭化させるのがマナーです。

◆ところ変われば呼び名も変わる

オコゼ（一般）　オニオコゼ（一般）　シラオコゼ（小田原）　イオコゼ（明石）　オクシ（九州）　オクジ（秋田）　オコジョ（北陸）　ヤマノカミ、ツチオコゼ

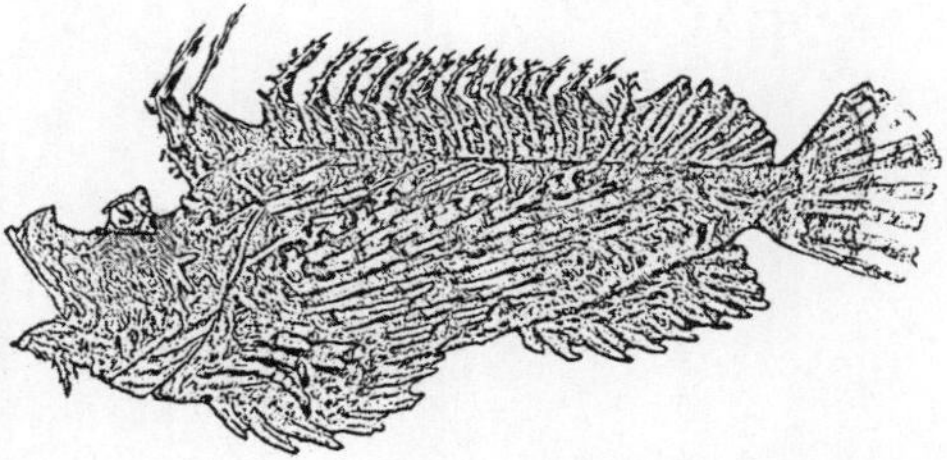

オニオコゼ　全長25センチメートル。本州の中部以南から朝鮮半島、東シナ海に分布。近海ものでは、九州、神奈川、秋田が産地。

第二章　これもサカナ？

鯏 あさり

◆どうしてこんな字?

中国では「蜊」と書きますが、日本では魚へんの「鯏」の一文字でアサリと読みます。ただし、一般的には「浅蜊」と書くのが普通。名前の由来は、浅いところに棲《す》むからとか、「漁《あさ》り」からなどといわれています。

◆「あさり」って?

アサリは、全国の遠浅の海で採ることができます。潮干狩りで、アサリばかりが採れ、ハマグリがなかなか見つからないのには理由があります。アサリがほとんど一生同じ場所で過ごすのに対し、ハマグリは環境が悪くなると貝殻から紐《ひも》を出し、引き潮に乗って移動するからです。環境の変化にも強いアサリの産地は、東京湾、伊勢《いせ》湾、瀬戸内海……と幅広く、最近では韓国産のものもよく出回っています。殻の模様は生息する場所で違っていますが、基本的には殻の模様のキレイなものを選ぶといいでしょう。殻が大きく、左右に膨れているものが、身もよく詰まっていておいしいとされています。アサリには、ビタミンB_2、カルシウム、鉄分などが多く含まれ、旨味《うまみ》成分も豊富なので、いいダシが出ます。殻付きの潮汁《うしおじる》や酒蒸しなどを楽しむのがベストでしょう。アサリの旬《しゅん》といえば、4～6月の産卵前です。この時期には、グリコーゲンやコハク酸の含有量が増し、旨味もグッと増えるのです。塩と酒で味つけしたアサリのむき身を醬油《しょうゆ》で炊《た》き込んだ「深川飯」も、味の奥行きが広がります。もちろん、しぐれ煮、ヌタ和《あ》え、炒《いた》めもの、かき揚げも最高です。

鯆《いるか》

◆どうしてこんな字？

「甫」という字には「はぐくむ」という意味があり、子を乳で育てる魚から鯆となったわけです。日本では「海豚」という当て字も使いますが、中国では「江豚」と表記されます。長江の河口から、イルカがよく川を溯《さかのぼ》るからです。

◆「いるか」って？

今のご時世で「イルカを食べる」などと公言すると、国際問題に発展しかねませんが、その昔、日本人はよくイルカを食用にしていました。縄文時代の貝塚からは、銛《もり》とともに、クジラやイルカの骨がたくさん出土しています。奈良時代以降、長年の間、日本では獣肉食が禁じられていました。クジラは魚とみなされていたので、貴重なタンパク源として、大量に摂取され、世界的にも珍しいくらい、鯨食文化が発達したのです。と同時に、イルカもかなり食べられていたようです。不思議に思われるかもしれませんが、クジラとイルカの間には、生物学的な区別はありません。一般的に、体長4メートル以上のものがクジラと呼ばれ、4メートル未満のものがイルカと呼ばれています。ゴビレゴンドウは体長6メートル程度の小型のクジラですが、マイルカ科に属し、イルカとクジラの中間のようなルックスを持っています。沖縄では、船で沖合から群れを追い込み、岸に乗り上げさせる「ヒートゥ漁」が行われてきました。体長約1・5メートルの小型のイルカであるスナメリは、日本近海にも見られ、しばしば川を溯ります。ちなみに鯆という字は、イルカの中でも特にスナメリを指すものです。

鮧　いとう

◆どうしてこんな字？

イトウ、イト、イドなどと呼ばれます。サケに似た大型魚で、ヘビやネズミまで食べるイトウは、その獰猛《どうもう》さからこの字が当てられたという説もあります。また「伊当」「伊富」などの漢字でも書かれます。

また、この字は、「ハリセンボン」を意味する場合もあります。

◆「いとう」ってどんな魚？

イトウは、日本最大の淡水魚といわれます。北海道の東北部からシベリア方面の湿原に棲むサケ科の魚で、銀灰色の体色で黒斑《こくふ》に覆《おお》われ、ニジマスを細長くしたような体型です。体長は約1〜1・5メートル。かつては、2メートルを超えるものもいたそうです。小魚のほかに陸生の小動物も食べますが、成長速度は遅く、1メートル近くなるまでに約10年かかります。雄よりも雌のほうが大きく、産卵後も死なず、数年にわたって産卵を繰り返します。以前は東北地方にもいましたが、絶滅の危機にさらされ、現在では「幻の魚」と呼ばれています。幸いにも北海道、青森で養殖に成功し、養殖ものが食用として出回っています。養殖ゆえ、川魚特有の川臭さがなく、刺身に最適です。マグロの中トロのような脂《あぶら》の乗り具合で、コリコリとした歯ごたえがたまらない逸品です。サケやマスと同様に、夏が食べ頃で、塩焼きやから揚げ、ルイベなどで食しても、絶品です。ただし、天然ものはまず出回りませんし、養殖ものも数が限られ、貴重品ですから、イトウという名にピンと来たら、まずは試してみるといいでしょう。北海道では、別名・オヘライベとも呼ばれます。

鮖　かじか

◆どうしてこんな字？

ゴリの名でも親しまれる淡水魚のカジカ。谷川などの「石」の下に棲んでいる魚です。「鰍」と書く場合もありますが、これは中国の「川で鳴く魚がいる」という伝説に由来しています。「秋」はどじょうがチュウと鳴く声を意味しています。

◆「かじか」ってどんな魚？

カジカほど定義しにくい魚は他にありません。一般的に、北海道や東北では、ヤリカジカやケムシカジカなどの海水魚をカジカ（杜父魚）といいます。淡水魚のカジカ（鰍／鮖）は、カサゴ目カジカ科カジカ属の総称であると同時に、その中の一種の名前でもあります。ハゼに似た愛嬌《あいきょう》のある顔立ちで、地方によっては、ゴリ、ドンコ、オコゼなど呼び名が違ってきます。また、一生を淡水で過ごす河川型と、仔魚《しぎょ》は海で成魚は川で過ごす両側型の2種に分けられ、最近ではこれらは別種と考えられるようになってきています。カジカは北海道南部から九州北部の河川に分布していますが、北海道南部にいるのは両側回遊型のみ。両側型のものは全長約17センチメートルで、河川の中～下流域に生息します。河川型は全長約15センチメートルで、山地の渓流など上流域に生息し、石礫底《せきれきてい》で水生昆虫や小魚などを食べています。美味な魚といわれ、汁物や佃煮《つくだに》、甘露煮などにされますが、漁獲量が少ないため、珍味の部類に入ります。居酒屋メニューに「カジカ」とあっても、海のものか、川のものか、どんな料理法か、確かめたほうがいいでしょう。ちなみに、河鹿《かじか》と書くとカエルを指します。

鮔　ごり

◆どうしてこんな字？

「キョ」と発音するこの漢字は、淡水魚の「ゴリ」を指します。国字でゴリは「鮴」と書きますが、それは、ゴリが川底の石の上で、じっと休んでいるように見えるからです。「鮴」は「メバル」の漢字にも当てられています。

◆「ごり」ってどんな魚？

カジカ同様、ゴリも地方によって違う種類の魚を表す、ややこしい魚名です。一般的にはカジカやハゼ類などの小型淡水魚の総称として使われます。金沢ではカジカ（カジカ科）のことをゴリといい、琵琶湖《びわこ》ではヨシノボリ（ハゼ科）のことを、高知ではチチブ（ハゼ科）のことを、ゴリと呼んでいます。ゴリ（カジカ）は体長約15センチメートル。体色は淡褐色から暗褐色。ハゼのようなへん平な頭部と大きな目と口が特徴の愛らしい魚です。産卵期は冬で、雄は適当な大きさの浮石を縄張りとし、数尾の雌が石の天井面に産卵し、孵化《ふか》するまで卵を守ります。ゴリは川魚としては最上級の味といわれ、魚好きにはよく知られていますが、渓谷の清流に棲むため、大量には捕獲できず、貴重種となっています。身は淡白で、佃煮やあめ煮、塩焼きにするのがベーシックな食べ方です。いいダシが出るので、汁物や鍋物にも使われます。特に金沢のゴリ料理は有名ですが、本物のカジカだけで煮た「千歳煮《ちとせ》」は希少で、現地でも珍重されている名物料理です。卵とじ、炊き込みご飯、から揚げなども美味。秋から冬にかけてが旬ですので、その時期に、金沢方面に赴くといいかもしれませんね。

鯱《とびうお》

◆どうしてこんな字？

海上を飛ぶ魚、すなわち、トビウオのことです。「飛魚」や「鰩」でもトビウオを指します。

◆「とびうお」ってどんな魚？

トビウオの飛行は、マグロなどの大型捕食魚から逃避するために発達した行動です。海面を全速力で泳ぎ、尾ビレで水面を叩《たた》き、前半身が浮いた瞬間に胸ビレを翼のように広げ、空中で腹ビレも広げてグライダーのように滑空します。このときのスピードは速いもので時速60キロメートルを超え、400メートルもの距離を飛びます。日本近海には約20種類のトビウオがいますが、主な産地は伊豆諸島や九州、四国など温暖な地域。市場では、獲《と》れる時期と大きさで呼び分けるのが普通です。出回る時期では「春トビ」「夏トビ」に分かれ、大きさでいうと、体長約30センチメートルのものが「大トビ」、約15センチメートルのものが「セミトビ」といわれます。もっともおいしいのが、4月中旬ごろに獲れる「春トビの大トビ」です。締まった白身は脂肪が少なく、淡白な味。塩焼きにして、生姜《しょうが》醤油で食べるのがいいでしょう。ただし、冷めると身が固くなるのでご注意を。もちろん、フライや刺身でもOKです。トビウオの卵は「トビッコ」と呼ばれ、寿司《すし》ダネとして人気。トビウオは別名・アゴと呼ばれますが、アゴ竹輪は歯ごたえも風味もよい高級品で、干しアゴを軽く焼くと、オツな酒肴《しゅこう》になります。

魦《いさざ》

◆どうしてこんな字？

名前の由来は、「小さい」ことを表す「細小《いささ》」から来ています。ここでいうイサザは琵琶湖の固有種で、湖底に住むハゼ科の淡水魚です。「少」は沙の省略形で、砂を吹き上げる小魚という意味で、この字が用いられます。ハゼも同様の意味から「鯊」と記されます。

◆「いさざ」ってどんな魚？

イサザは琵琶湖にしかいない「幻の魚」です。スズキ目ハゼ亜目ハゼ科の淡水魚で、体長は約5〜8センチメートル。体色は飴色《あめいろ》ですが、産卵期（4〜5月）の雌の腹に黄色の婚姻色が現れるという特徴があります。これは卵黄が透けて見えるからです。全国に出回っている「イサザの佃煮」はハゼの佃煮の代表格で、かなり美味なものです。地元の琵琶湖岸では、イサザのすき焼きを賞味することもできます。イサザをシメジやエノキ、春菊、ネギ、生麩《なまふ》などとともに、醤油と砂糖で煮込む鍋《なべ》料理です。イサザの身は淡白でカルシウムを多く含むため、ほろ苦さと甘辛い出汁《だし》があいまって、絶妙の味となります。ほかに、あめ炊《だ》き、白豆煮、吸物などにしていただきます。イサザの旬は秋冬。9月も半ばを過ぎると、「いさざ引き」と呼ばれる底引網を使ったイサザ漁がはじまります。この行事は、冬の到来を告げる琵琶湖の風物詩といわれてきました。が、最近では漁獲量が激減しています。そのせいで、イサザ料理は高級な京風料理のように、値の張るものになってきています。

鮩《あみ》

◆どうしてこんな字？

エビによく似た「アミ」のことを示す漢字です。「并」には「白い」という意味があり、もともとは、コイに似た白い魚「カワヒラ」を表すものですが、アミが白っぽいのも確かです。調味料としても使われるアミは、「醤蝦」とも書きます。

◆「あみ」って？

「アミ」というのは、アミ目の甲殻類の総称。一般に、体長が5ミリメートル～1センチメートルという超小型の生物で、エビとよく似ていますが、よく見るとハサミがなく、エビとは別物だということがわかります。アミ類の大部分は海産で、沿岸から深海にまで広く生息し、約750種が知られています。ナンキョクオキアミをはじめとする「オキアミ」は体長3〜10センチメートルに達する別種です。オキアミ目は75種にすぎないものの、生息量は多く、食料として重要視されています。アミは、食物連鎖の末端にいるプランクトンの一種であるため、魚類の天然の餌《えさ》としても重要で、漁や釣りの撒《ま》き餌《え》、タイやハマチなどの養殖魚の餌にも使われます。食用とされるのは、主にイサザアミ。佃煮などに利用されるイサザアミの旬は春で、三陸沿岸などで大量に漁獲されます。湯上げして乾燥させたオキアミは、ふりかけにしたり、野菜の天ぷらに風味を持たせるために使うこともあります。アミを塩漬けにした「アミの塩辛」は、そのままではクセがありますが、キムチを漬け込むときに用いると、適度な酸味が出て、旨味が増すといわれています。韓国料理がブームの昨今、日本でも手に入りやすくなってきました。

鰉 ひがい

◆どうしてこんな字？

コイに似た淡水魚の「ヒガイ」をいいます。「皇」には「大きい」という意味があり、中国ではチョウザメのことを表します。日本では、明治天皇が特に好んで賞味したため、皇魚の意味をふまえ、新しい国字としてこの字を当てています。

◆「ひがい」ってどんな魚？

コイ科の淡水産の硬骨魚です。もともとは琵琶湖から瀬田川にかけてを原産地としますが、今では本州各地、四国にも移殖され、定着しています。ヒガイの中でも代表的なものが、カワヒガイ（河鰉）です。日本産のヒガイの仲間ではもっとも小さく、全長約13センチメートル。別名はサクラバエ。目の周辺が赤いことから、アカメと呼ばれることもあります。緩いせせらぎのある場所に棲《す》み、昆虫や藻、小さな巻貝などを食べます。雌が二枚貝に卵を産みつけるという習性もあります。琵琶湖には、固有種のアブラヒガイ（脂鰉／全長約20センチメートル）のほか、ツラナガ（面長）、トウマル（頭丸）といったヒガイがいます。ヒガイは骨が硬いものの、なかなか美味な魚です。生魚、酢漬けでも食べますが、ポピュラーな食べ方は塩焼きです。明治天皇が舌鼓《したつづみ》を打ったのは、串焼きに大根おろしを添えたものだとか。天皇お気に入りの魚ということで、ヒガイの漢字名が誕生しました。そんな名誉ある魚、ヒガイも、江戸時代には「痩《や》せて弱々しい」ことを譬《たと》える言葉として使われていました。近松の『曾根崎《そねざき》心中』には、「ひがいすな小男」という表現が出てきます。

鱠 えそ

◆どうしてこんな字?

音符の「曾」が、エソの「ソ」の音を表す、形声文字です。エソはカマスに似て、平べったい魚。かまぼこの材料にされる魚で、知らず知らずに、私たちの口に入っています。「狗母魚」とも書かれます。

◆「えそ」ってどんな魚？

本州中部沿岸から東シナ海にかけて分布する、エソ科の硬骨魚の総称です。マエソは全長約30センチメートル。大きなものでは50センチメートルを超えます。頭が上下にへん平で口が大きく、かなり不細工な顔をしています。アカエソはイワシ型のスマート体型ですが、富山ではバカエソ、大阪ではイモエソといったように、ありがたくない地方名を頂戴《ちょうだい》しています。アオメエソはやや小型で体長約20センチメートル。目が大きく緑色に光って見えるので「メヒカリ」とも呼ばれます。トロール網で大量に捕獲され、三重、和歌山、福島あたりで水揚げされます。ところが、鮮魚店の店頭にはなかなか出回りません。というのも、エソ類は、主にかまぼこの材料にされるため、加工業者が大量に荷受け購入してしまうからです。エソは、あっさりした味で、クセもなく、肉質はいいのですが、身肉がやわらかいので刺身には向いていません。ただ、すり身にして、ツミレ鍋で食べるとか、揚げたり蒸したりするとおいしいといわれています。とにかく練り物には最適で、特にマエソのかまぼこや薩摩《さつま》揚げは最高級品とされています。また、福島県いわき市ではメヒカリが「いわき市の魚」に認定され、名産品となっています。

鮆《えつ》

◆どうしてこんな字？

音符の「此《し》」は、「嘴《くちばし》」のように「細長く尖《とが》っている」ことを意味します。身が狭く薄くなっていて、頭が尖って長く、まるで刀のような形態をした魚、つまり「エツ」のことです。日本では「斉魚」とも書く場合もあります。

◆「えつ」ってどんな魚？

九州から朝鮮半島にかけてと東シナ海に面した中国に分布しています。海水と淡水が混じった、いわゆる「汽水域」に生息する魚です。ちなみに、韓国では「葦魚」、中国では「刀魚」といいますが、これは、葦《あし》の生い茂る場所に棲み、ペーパーナイフのような形をしたエツの特徴を見事にとらえています。エツはカタクチイワシ科に属し、体長は約20～30センチメートル。日本では、有明海の湾奥部とそこに注ぐ河川の下流部にのみ生息します。5～7月にかけて筑後川を上り、河口から約15キロメートルの城島町あたりで産卵します。この時期、現地でエツ漁が解禁となり、初夏の風物詩である「流し刺し網漁」がはじまります。また、「エツ祭り」も開かれ、屋形船を繰り出してエツ漁を見学したり、獲れたてのエツを酒の肴《さかな》にして盛り上がるなど、観光客の目と舌を楽しませてくれます。このシーズンのエツは脂《あぶら》がのって最高に美味。骨切りした刺身や、ぬた、から揚げにしても旨《うま》いと評判です。

地元には、「昔、貧しい旅の僧が、船に乗せてもらったお礼に、葦の葉を川に投げ入れたら、エツになった。その僧侶《そうりょ》は、弘法大師だった」という、弘法大師エツ伝説もあります。

鰣《はす》

◆どうしてこんな字？

音符の「時《し》（ジ→シ）」は、「4月」の意味があり、4月ごろ獲れる魚のことをいいます。中国では、コノシロの一種のヒラコノシロのことをいいますが、日本では一般的に、コイ科の淡水魚「ハス」を表す漢字として使われています。

◆「はす」ってどんな魚?

「ハス」というとナマズやイシダイを指す地方もありますが、ここでいうハスとは、コイ科の淡水魚のことです。色は銀白色で、体長は約30センチメートル。特に大きなハスのことを、関西ではケタバスと呼びます。ハスは、琵琶湖・淀《よど》川水系および福井県の三方湖を原産としてきましたが、コアユの放流につれ、現在では、本州以南の各地に分布しています。日本にいるコイ科の魚の中で、唯一《ゆいいつ》、魚食性で、小魚や稚魚を食べ荒らします。そんなハスですが、歯はありません。口が「へ」の字形にひん曲がっていて、鉤《はり》のような役割を果たし、一度魚をくわえると、けっして逃がすことはありません。遊泳力にすぐれ、移動速度も抜群。活発に行動し、貴重なコアユも食べてしまう……食い意地の張った、ちょっと悪者っぽい魚です。とはいえ、ハス自体、人様の食用になります。旬は5月から7月初めごろ。ハスの身は淡白で、塩焼きにすると香りがいいといわれますが、田楽味噌《みそ》を塗って焼き上げる「ハスの田楽」もまた、格別においしい料理法です。名産地の琵琶湖畔の滋賀県近江《おうみ》町あたりでは、刺身・煮物・塩焼き・照焼き・フライなど、ハスづくしが味わえます。

鱮 たなご

◆どうしてこんな字？

音符の「與《よ》」には、「つらなる」という意味があります。「好んで連なる習性がある魚」といえば、タナゴ。淡水魚のタナゴのことですが、それに似た海水魚でウミタナゴという魚もいます。タナゴは「田平子」と書かれる場合もあります。

◆「たなご」ってどんな魚？

フナとタイの中間のようなルックスを持つ「タナゴ」はコイ科の淡水魚で、全長約10センチメートル。食用ではなく、観賞魚として水槽で育《はぐく》み、愛《め》でる魚です。繁殖期の雄には銀色＋青緑色の体にピンク色が加わり、熱帯魚や金魚にはない美しさがあります。広い意味でいうと、「タナゴ」にはさまざまな種類がいて、バラタナゴやヤリタナゴ、カゼトゲタナゴほか、それぞれに微妙な違いがありますので、魚を飼うのが好きな人は、ぜひ、間近で実物を観察してほしいものです。タナゴに似た海水魚で、ウミタナゴという魚もいます。こちらはタイにそっくりで、全長約25センチメートル。略して、タナゴと呼ばれ、もちろん食用になります。日本各地の岩礁《がんしよう》域に棲み、ゴールデンウィーク頃から、堤防、磯《いそ》釣りの絶好の的となります。ウミタナゴは、雌が腹の中で子供を育てる「卵胎生魚」として有名で、春から夏の産卵期に釣った魚の腹の中に稚魚が見られることがあります。が、稚魚はまずいです。ウミタナゴの食べ方としては、塩焼きが一般的で、タタキにして味噌、ネギ、生姜《しようが》を合わせるのも美味だとか。地方によっては「妊婦が食べれば安産」といわれています。

鯧　まながつお

◆どうしてこんな字？

カツオとはまったく無縁の魚ですが、カツオと同じぐらいおいしいことから、マナガツオの名前がつけられています。「真魚鰹」「学鰹」「真名鰹」といった漢字で書かれる場合もあり、関西では「マナ」の愛称で知られています。

◆「まながつお」ってどんな魚？

中国でショウコウギョといわれるマナガツオは、カツオとは別種の魚です。銀白色の美しいウロコを持ち、丸みを帯びた菱形《ひしがた》のユニークな体型で、体長は約50センチメートル。クラゲが大好物で、クラゲを消化する前胃という器官があり、食道歯も持っています。死ぬと銀色の細かなウロコが剝《は》がれやすくなるという特徴がありますが、それが鮮度を見分ける目安にもなります。つまり、銀色にピカピカ光っているものが新鮮な証拠です。マナガツオは南日本から東シナ海にかけて分布しますが、産卵期の6～7月に内湾に入ってくるため、瀬戸内海や和歌山が有名な産地となっています。特に関西では喜ばれる魚で、懐石料理にも使われる高級魚です。新鮮なものは刺身にされますが、きめ細かい白身で、ほんのり脂《あぶら》がのり、ねっとりした上品な味わいが、関西の人に好まれています。白味噌や西京味噌に漬けた焼き物も、また格別。火を通すと、ホクホクとした食感が出るので、蒸し物や揚げ物にも向いています。さらに、中骨を干して油で揚げた「骨せんべい」も珍味です。マナガツオの旬は冬ですが、夏の内海産のものもおいしく、冷凍してもさほど味が落ちません。

鮚 はまぐり

◆どうしてこんな字？

「鮚」は「蚌」という字とともに「オオハマグリ」を意味する中国の漢字です。「ドブガイ」という意味も兼ねています。ハマグリという名前は、浜の小石、あるいは、栗《ぐり》のような形に由来します。日本では一般的に「蛤」という字を使います。

◆「はまぐり」って？

ハマグリの貝殻は同じ貝のものでないとピッタリと合わないので、昔から、夫婦和合の象徴とされ、婚礼の祝い膳《ぜん》に用いられてきました。桃の節句にお雛様《ひなさま》に供えるのも「いい相手が見つかりますように」といった願いが込められています。そんなハマグリは、かつては東京湾と伊勢湾が主産地でしたが、漁獲量が激減している昨今では、中国や韓国からの輸入もの、その畜養もの（海水中で生かしておく）が一年中出回っています。チョウセンハマグリはやや大型（殻長12センチメートル）で、味が良く、寿司《すし》ダネにされています。シナハマグリ（殻長8センチメートル）は国産ものと比べても、大きさも味もさほど変わりません。ハマグリは、たんぱく質やビタミンの含有量は低いのですが、グリシン、アラニン、グルタミン酸など、甘味と旨味を出すアミノ酸が多く含まれ、濃厚で上品な味が楽しめます。塩焼きや潮汁《うしおじる》で、貝の出汁《だし》を味わうといいでしょう。さて、ドブガイといえば、カラスガイに似た貝の一種ですが、中国の春秋戦国時代の訓話に登場しています。「鷸蚌《いっぽう》の争い」とは鷸《しぎ》とドブガイの無益な争いのことで、双方が争っているすきに第三者が利益を横取りすること、つまり「漁父の利」のことをいいます。

鯐 すばしり

◆どうしてこんな字？

魚へんに「走」と書いて「スバシリ」。出世魚・ボラの幼名の一種で、江戸でよく使われていた言葉です。「洲走り」とも書きますが、これはボラの幼魚が、潮の引いた干潟で、飛んだり跳ねたり、元気よく走り回る姿から来ています。

◆「すばしり」ってどんな魚？

ボラは大昔から食用にされてきた魚で、日本の文化に大きな影響を与えています。ボラは出世魚として有名ですが、『日本産魚名大辞典』によると、地方名が88種類あります。スズキですら35種類ですから、その数がいかに多いかわかります（ちなみにブリは117種類）。大きさをもとに江戸風にいうと、オボコ→イナッコ→スバシリ→イナ→ボラ→トドとなり、それらは、さまざまな比喩《ひゆ》に使われます。「粋《いき》」を指す「いなせ」は日本橋魚河岸《うおがし》の若衆が、髪を「鯔背銀杏《いなせいちょう》」に結っていたことに由来します。幼少期のボラはトビウオのごとくジャンプする性質があることから、跳ね上がり者、思い上がり者を「潮先のイナ」といいます。ボラは「薬魚」とも呼ばれ、スバシリの頭を焼いて燗《かん》した酒に入れて飲むと、腹痛に効くといわれました。夫婦生活になぞらえた、落語のようなこんな話もあります。最初は「オボコ」（世間知らずでウブ）だが、すぐさま「スバシリ」（すばらしい尻《しり》＝尻がデカイ）になり、やがて「イナ」（否《いな》＝嫌がること）を覚え、ついには「ボラ」（ボランティア精神）で事をなし、トドのつまりは「トド」のようにデーンと横たわる……。これを俗に「出世妻」といいます。

鱲 からすみ

◆どうしてこんな字？

細長く平たい形が中国の墨石「唐墨」に似ていることから、「カラスミ」という名前がつきました。カラスミは、ボラなどの卵巣《らんそう》を塩漬けにし、乾燥させた高級珍味のことです。

◆「からすみ」って？

長崎の代官が豊臣秀吉《とよとみひでよし》にカラスミを献上した際、その名を聞かれ、とっさに中国の墨石を連想して「唐墨でございます」と答えたことから、カラスミの名がついたというエピソードがあります。その頃から長崎のカラスミは珍重され、江戸時代には越前のウニ、三河のコノワタと並んで、天下の三大珍味といわれていました。特に長崎の野母崎《のもざき》産のものが有名。野母崎を回遊して産卵地に向かう時期のボラが、もっともカラスミづくりに適し、おいしいといわれています。最近では、台湾産のものや、サワラの卵巣を使用した代用品も出回っていますが、味は遠く及ばず、やはり、国産のボラの卵巣を用いたものが、格別だということです。良いカラスミを選ぶには、飴色《あめいろ》で光沢のあるものを見極めます。また、大きくて左右に形が整っているものが上物なので、覚えておくといいでしょう。カラスミは、そのままでも立派に酒の肴になりますが、大根おろしと酢を入れた手軽な一品などもあります。ところで、「ボラの親子」という諺《ことわざ》がありますが、これは、「鳶《とび》が鷹《たか》を生む」と同様、「平凡な親（ボラ）から優秀な子供（カラスミ）ができる」という譬《たと》えです。

鮑《ひもの》

◆どうしてこんな字？

「及」は「乾」に通じ、「かわかす」という意味を含む漢字です。「乾かした魚」「竹に刺して乾かした干し魚」ということで、「干物」「乾物」を表しています。「キョウ」と発音し、中国ではコチなどの魚の名前を指す場合もあります。

◆「ひもの」って？

その昔、まだ交通が不便だったころは、魚の保存性を高めるために、さまざまな加工がなされ、魚をそのまま干したり、塩をしてから干したりしました。現在では、冷蔵庫などの普及により、鮮度が保てるようになったため、干物類は、「干す」ことで生じる風味や旨味《うまみ》、歯ごたえなどを楽しむ、嗜好《しこう》性の強いものとなっています。乾燥前の処理方法によって、するめなどのように生《なま》のまま干す「素干し」、アジの開きなどのように塩をしてから干す「塩干し」、干し貝柱などのように煮てから干す「煮干し」などの種類に分かれます。例えば、「ぐじ」と呼ばれる甘ダイの干物は、背開きした甘ダイに一塩して一夜干ししたもので、京都では珍重されています。ヤナギムシガレイの干物は、カレイ類の干物の中でも最高級品で、淡白で上品な味が楽しめます。産地以外では鮮魚が出回らないコマイの塩干しは、珍味として人気があります。ほかにも、ホッケ干しやクサヤなど有名な干物がたくさんありますが、いずれも身がやわらかくて水分の多い魚の水気を飛ばし、旨味を凝縮したものばかり。ビタミンやミネラルを豊富に含んだ干物は、健康食品の代表格といえるでしょう。

鮞 はららご

◆どうしてこんな字？

「而《じ》」という漢字は「兒」に通じ、「子供」という意味があります。これは、魚の産卵前の卵のかたまり、つまり「腹子」のことです。いわゆる筋子《すじこ》の類で、卵のかたまりそのものを塩漬けにした食品も、同じように呼ばれます。

◆「はららご」って？

一般的には「腹子」と書かれます。また、正確には「鮞」は「はららご」と読みますが、わかりやすいように「はらこ」という人が多いようです。その代表的なものは「筋子」ですが、皆さんは「スジコ」と「イクラ」の違いを御存知でしょうか？　スジコは、サケの未成熟卵を卵巣膜をつけたまま塩漬けにしたものです。鈴生《な》りになった様子を表す「鈴子」から転訛《てんか》したものです。「イクラ」は、ロシア語で魚の卵を指す言葉で、日本では、サケの成熟卵を卵巣から一粒一粒分けて塩漬けしたものを、イクラと呼んでいます。沖合で漁獲されたサケの卵は脂肪や旨味成分が豊富で、おいしいといわれます。河川を溯上《そじょう》したものは、脂肪分が少なく淡白な味になります。マスの卵である「マスコ」は見た目がイクラそっくりなので、イクラと称して売られていることもあります。タコの卵は、2~3ミリほどの大きさで連なっており、藤の花のように見えるため、「海藤花《かいとうげ》」と呼ばれています。カニの卵は、未成熟卵を「内子」、成熟卵を「外子」、あるいは「ひり子」といいます。

鱓《うつぼ》

◆どうしてこんな字?

音符の「單《たん》」は「蛇」(タ)に通じ、ヘビという意味を持っています。ヘビに似た魚ということで、中国では、タウナギやウミヘビのことを表します。日本ではこの字を用いて「ウツボ」もしくは「ゴマメ」と読んでいます。

◆「うつぼ」ってどんな魚?

体長約80センチメートルで、関東地方ではあまり食用にしませんが、和歌山をはじめ、四国、九州などでは、独特な食べ方があります。鮮魚を焼いて皮を細かく刻み、甘辛く味つけした「皮ウツボ」、生干しを短冊《たんざく》に切り、から煎《い》りし、煮込んで「佃煮《つくだに》」にしたものは、酒のアテにぴったりです。沖縄では、照焼きや煮付けにし、皮はなめして工芸品にするなど、幅広く利用されています。一方、「ゴマメ」は、6〜9センチメートルに成長したカタクチイワシの幼魚を、水洗いして素干ししたものです。ゴマメは、田植えを祝う肴《さかな》として用いられたので、別名「田作り」ともいわれています。また、イワシ類が、古くから田の肥料として知られていたため、そう呼ばれるようになったという説もあります。正月の祝儀《しゅうぎ》肴としても欠かせない一品で、から煎りしたゴマメに醬油と砂糖などのタレをからめたものは、お節《せち》料理の定番です。そんなゴマメを雑魚《ざこ》呼ばわりした諺もあります。「ごまめの魚《とと》交じり」とは、つまらない者が、不相応にすぐれた人の間に交じることをいいます。「ごまめの歯ぎしり」とは、力のない者が、やたらにいきりたつことです。もし、こういわれたら、「山椒《さんしょう》は小粒でもピリリとからい」といい返すとよいでしょう。

鯱 しゃち

◆どうしてこんな字？

字の意味は「虎《とら》のようにたけだけしい魚」です。イルカに似た海獣である「シャチ」のことを表します。また、頭は虎に似て、背中にトゲがある、想像上の怪獣「シャチホコ」のこともいいます。名古屋城で有名な、あのシャチホコです。

◆「しゃち」って？

簡単に釣れる魚は、その見た目や生態から、もっともらしい名前がつきますが、釣り竿《ざお》では釣れないような大きな魚は、「虎のような顔だった」「背中にトゲがあった」などと、噂《うわさ》が噂を呼び、想像が膨らんで怪魚伝説が生まれました。実は、シャチも、その一つ。シャチはハクジラの一種で、体長約9メートル。雄の背ビレは2メートル近くあり、逆鉾《さかほこ》立ってトゲのように見えます。アシカ類やペンギン、ほかのクジラ類まで食べてしまうため、キラーホエール（殺し屋クジラ）という異名をとっています。体重は最大で9トン。とはいえ、性格はけっして荒くなく、頭が良く、水族館などのショーでジャンプ芸を見せる人気者でもあります。一方、伝説の怪魚が逆立ちした形の屋根飾りが、鯱瓦《しやちほこがわら》です。頭は龍《りゅう》のようで、背中にギザギザのトゲがあり、主に城郭建築に使われます。シャチホコが海にいることから、防火に効果があるとされます。このシャチホコは金や銅、石でできていてかたいため、緊張してかたくなることを「鯱張る《しやちほこば》」といいます。これが少し訛《なま》って「しゃちこばる」「しゃっちょこばる」ともいいます。

鰐《わに》

◆どうしてこんな字？

音符の「咢《ガク》」には「するどい歯のある強いあご」といった意味があり、鋭い歯を持ち、顎《あご》の強い魚、ということでワニを表します。ワニは爬虫類《はちゆうるい》ですが、昔は魚と見なされていました。同じ意味で、サメのことを指す場合もあります。

◆「わに」って？

昔の人は、海や川で泳いでいる生き物はすべて魚だと考えていました。そのため、意外なものに「魚」の部首が使われています。その一例がワニで、中国では「鰐魚《がくぎょ》」とも書きます。「ワニ」は爬虫類ワニ目の総称で、現存するのは、アリゲーター、クロコダイル、ガビアルの3科約30種。東南アジア、アフリカ、アメリカ、オーストラリアなどに分布しています。体長10メートルに達するものから2メートルに満たないものまで大きさはさまざま。体は角質のウロコで覆《おお》われ、長い尾は泳ぐためだけでなく、獲物を叩《たた》く武器にもなります。ワニにまつわる諺は、世界各国にたくさんあります。タイでいう「ワニを相手に泳ぎの手ほどき」は「河童《かっぱ》に水練」と同じような意味。マレーシアの「水面が静かだからといって、ワニがいないとは思うな」は「油断大敵」、「ワニの顎から逃げたと思ったら、トラの顎に入ってしまった」は「一難去ってまた一難」といったところでしょうか。ワニ肉は食用にもされ、日本にも冷凍で輸入されていますが、味は鶏肉に似て淡白で、案外、美味。一部のお店でワニといったらワニ料理が食べられますが、寿司《すし》屋に「鰐」とあったら、それはおそらく、サメの料理でしょう。

鮨《すし》

◆どうしてこんな字?

「魚でつくった旨《うま》いもの」ということで「スシ」を表します。もとは「酸《す》し」の意から来ています。日本では、酢に漬けた魚や、魚と飯を発酵させた「なれずし」にはじまり、現在は「スシ」全般を指します。「鮓《すし》」とも書きますが、「寿司」は当て字。

◆「すし」って?

その昔、すしといえば「なれずし」でした。大津の「鮒《ふな》ずし」、吉野の「釣瓶《つるべ》ずし」など、保存性も高く、自然の酸味が利《き》いて、味も良しといわれました。握り寿司は、文政期、花屋與兵衛という人が発明したといわれています。江戸前の海で獲《と》れた小魚の一片を職人が酢メシで握り、立ち食い屋台では、客が箸《はし》も使わず素手で喰らう、ファーストフードのハシリともいうべき食べ物でした。盛りそば十六文の時代に、1個四文で売られたB級グルメ食品で、日雇い人夫たちに大いに好まれました。ところが、高級料亭の贅《ぜい》に飽きた裕福な町人・武士たちが、これに目をつけたため、やがて高級店が開かれ、ニギリ1個が二十~三十文、果ては二百五十文という超高値で売られるようになりました。世は天保の倹約の時代、あまりにも高価なスシを売り、その製法を広めたとして、與兵衛らはお縄を頂戴《ちょうだい》しました。このとき、縄をかけたのが、かの有名な「遠山の金さん」だとか。そして、罰金を払ってシャバに戻った與兵衛は、かえって有名になり、店は大繁盛《はんじょう》したとのことです。こんな経緯で、握り寿司はA級グルメの仲間入りをしました。

鱟 かぶとがに

◆どうしてこんな字？

冠は「殻」「甲」「蟹《かに》」に通じ、「かたい殻で覆われた魚」ということで「カブトガニ」を表します。カブトガニは、カニに似た古代生物で、節足動物の一種です。中国では「鱟魚」とも記しますが、日本では「兜《かぶと》蟹」が一般的な表記です。

◆「かぶとがに」って？

地質時代に栄えたという、まさに「生きた化石」のような生物です。体は緑褐色。

兜をかぶったような形で、剣尾と呼ばれるシッポがついています。裏を返すと、腹を挟んで両側に5対、計10本の足があり、まるでクモのようです。映画『エイリアン』に出てくるエイリアンの子供のように、気味の悪い姿をしています。目は背上に、口は腹下にあり、雌はなぜかいつも雄を背負っているという変わった習性があります。現存しているのは、世界に5種のみ。日本では、瀬戸内海、九州北西の浅い海底に棲《す》んでいます。ウシドウガメ、ドンガメという別名もあります。カブトガニは天然記念物なので、日本では食用にされることはありえません。ところが、香《ホン》港《コン》や中国の各地では食べます。その中でも特に広東《カントン》は「食の都」といわれ「飛ぶものは飛行機以外、四つ足のものは机以外」何でも食べてしまう土地柄です。香港では、産卵のために上陸したカブトガニを、海鮮レストランの食材にします。カブトガニは、スープ仕立てにしてカニのように足の身をすすります。が、身は痩《や》せて臭みがあり、ハッキリ言っておいしくありません。食べたがるのは、ゲテモノ好きの観光客だけです。

魬 はまち

◆どうしてこんな字？

ハマチは、出世魚・ブリの幼魚の関西名で、体長40センチメートル前後のものをいいます。また、体長15～50センチメートルの養殖ブリを「ハマチ」という場合もあります。刀剣の身《み》と茎《なかご》との境を「刃区《はまち》」というのと、関係があるともいわれています。

◆「はまち」ってどんな魚？

俗に「出世魚」と呼ばれるものの類は、全国各地でさまざまな呼び方があり、この名前が正しいとか、この順番で大きくなると、一概にはいい切れない面があります。ブリの場合もそうで、東京では一般的に、ワカシ→イナダ→ワラサ→ブリですが、関西ではワカナ→ツバス→ハマチ→メジロ→ブリとなり、九州ではワカナゴ→ヤズ→コブリ→ブリなどと呼ばれます。現在では、市場に出回るブリの8割強が養殖ものですが、養殖で育てられるのはイナダ級のもの、養殖が盛んな関西ではこのクラスをハマチと呼ぶため、「養殖もの＝ハマチ」というイメージが全国に知れ渡りました。ハマチの養殖は、海面養殖の草分け的存在で、「海洋牧場」という言葉も生まれたほどです。この成功によって、美味な刺身用高級魚を、安価で楽しめるようになったのです。脂身《あぶらみ》でトロリとした食感のハマチは、「値段が安い割に旨い」寿司ダネとして君臨しています。東京では「ハマチ」は養殖もの、天然ものは「イナダ」と呼び分けていますが、関西や四国方面では、天然ものでも「ハマチ」といい、地方の寿司屋によっては、「ハマチ」というネタがない場合もあります。

鱏 えい

◆どうしてこんな字？

「深い淵《ふち》に潜んでいる魚」という意味を持ち、日本では「エイ」を表す漢字として使われています。平たい体をパタパタと羽ばたくようにして泳ぐ、不思議な魚、エイ目の総称です。「海鷂魚」と書いても「エイ」と読みます。

◆「えい」ってどんな魚？

エイ類は、分類上は軟骨魚類に属します。古生代に出現し、中生代に繁栄したものの徐々に衰え、現在では世界に約400種、日本には60種余りが生息しています。食べられるのは、胸ビレとホホ肉ぐらいで、多くの場合、練り物の原料になります。東北や北海道では、ガンギエイ科のコモンカスベ、メガネカスベ、クロカスベといったカスベ類が生食で味わえ、刺身やヌタ、寿司ダネとしても人気があります。本州以南で多く獲れるのが、アカエイ。ムチ状の長い尾には毒があるため、船上で切り落とし、両側のヒレだけ水揚げします。煮付けが美味とされますが、特有の匂《にお》いがあるため、香辛料を使ったり、濃いめの味つけにするのが普通です。コラーゲンが多いので、骨ごと煮て煮こごりをとると、健康にも効果的です。また、酢味噌で和《あ》えた肝臓も絶品。もちろん、エイヒレも酒のアテとして喜ばれます。「昔、漁師が砂浜で焚火《たきび》をしていると、突然、地面がグラグラ揺れ、大きな目玉が開き、巨大エイとともに、漁師も船も海中に飲み込まれてしまった」とは江戸の小咄《こばなし》ですが、日本にいるエイは、せいぜい1メートル。しかし、マンタと呼ばれるオニイトマキエイでは体長約5メートルに達するものもあります。

鯇《あら》

◆どうしてこんな字？

釣り上げるときに、勢いが良く、荒々しいことから「アラ」という名前がつき、この漢字が与えられました。アラはスズキに似た魚ですが、ハタ科の魚のクエを別名「アラ」と呼ぶ地方もあります。長崎名物のアラ料理は、クエのことです。

◆「あら」ってどんな魚？

アラは、本州中部からフィリピンまでの深海の岩礁《がんしょう》部に棲《す》み、大きな口でエビやカニ、イカなどをむさぼり食っています。中には体長1メートルに達する大物もいて、沖釣りのあこがれの的となっていますが、釣れるのは、たいてい40センチメートル前後のもの。鼻先が尖《とが》っていて、キツネの顔に似ていることから、釣り人の間では「キツネ」と呼ばれることもあります。アラは上等な白身魚で、脂がのっているにも拘《かかわ》らず、淡白な味わいがあります。本場は九州で、冬に旬《しゅん》を迎えます。昔から、ちゃんこ鍋《なべ》の材料として有名で、大相撲九州場所（11月）で、力士たちが楽しみにしている魚です。新鮮なものは、薄造りにして、ポン酢でいただきます。塩焼きや煮付けにしても、おいしいといいます。ところが、最近では漁獲量がめっきり減っており、以前よりさらに高級魚と化しています。そのせいか、アラの代わりにクエを使う店が増えています。アラ、あるいはモロコの別称でも知られるクエは、やはり九州・四国が名産で、全長1メートルを優に超える大型魚ながら、身が引き締まって味が良い、とされています。クエ鍋（アラ鍋）が有名で、アラに負けず劣らず、脂がのり甘味があります。

鰕《かに》

◆どうしてこんな字？

日本では「蟹」と書くのが一般的。「固い殻に覆われている」といった意味です。昔、中国では、その生物が魚なのか、虫に近いのか、判別に困ったようで、カニやエビ、貝の類には、「虫」と「魚」の両方の部首を用いたものが混在します。

◆「かに」って？

冬の味覚の王者といえば、ズワイガニ。関西では「松葉がに」、関東では「越前がに」の名で知られています。甘味に富み、すこぶる美味。茹《ゆ》でて二杯酢で食べるも良し、焼きガニや鍋物も良し。旬は11〜2月で、養殖された季節はずれのものや、別種の紅ズワイなどは味が落ちます。北海道産の毛ガニは、他の種類より肉量が多く、身がやわらかいのが特徴。味噌や卵も絶品です。タラバガニは、北洋のタラ漁場で獲れることから、こう呼ばれます。ヤドカリの仲間で、ハサミと足を合わせると8本あります（一般にカニは10本）。弾力のある身質で、高級缶詰にされ、一部アラスカ産の冷凍ものが輸入されています。ワタリガニの名で親しまれているガザミは、卵をもった冬の雌がもっとも美味だといわれています。こういったカニたちには、脂質が少なく、ビタミン類もほとんど含まれていません。主成分はたんぱく質で、あくまで嗜好《しこう》品として楽しむものです。栄養を考えるなら、沢ガニのから揚げが、カルシウム豊富でもっとも体にいいでしょう。鳥取では「妊婦が蟹を食べると虫になる」、「蟹と椎茸《しいたけ》は食い合わせが悪い」ともいいます。

鮓《くらげ》

◆どうしてこんな字？

「酢に漬け込んだ魚」で、「鮨」と同じく、塩辛にした魚、魚と飯を発酵させた「なれずし」などを表します。また、「クラゲ」のことを指します。これは、塩クラゲの酢の物が有名な中華食材だからでしょう。日本ではクラゲは「水母」「海月」と書きます。

◆「くらげ」って？

クラゲにはたくさんの種類がありますが、食用にするのは、ごく一部です。有名なものとしては、ビゼンクラゲやエチゼンクラゲなどがあります。ビゼンクラゲは、笠《かさ》の直径が50センチメートルに達する、大型の食用クラゲです。笠は半円球でぶ厚くて寒天質。中に8本の口腕（足のようなもの）を持っています。藍色《あいいろ》がかった乳白色。瀬戸内海から九州の沿岸にかけて、春から夏に発生します。食べるのは笠の部分で、ミョウバンを加えた塩につけて水分を出し、水洗いしてからさらに塩漬けにし、保存食品にします。それを塩抜き、湯通しして、酢の物にするのです。エチゼンクラゲは、笠の直径1メートル、重さ約150キログラムの超大型種です。体は褐色で、中国沿岸から朝鮮半島、日本海にかけて分布。夏から秋に大発生し、定置網に被害を与えることもあります。エチゼンクラゲのほうがより高級で、中華料理の前菜として欠かせない存在です。ハイヂョーピィと呼ばれる塩クラゲの乾物は、日本でも簡単に手に入ります。余談ですが、クラゲに骨がないことから、確固たる主義がなく、意見が常に動揺する人のことを、「クラゲ」といったりもします。

鰖《たかべ》

◆どうしてこんな字？

本来は「卵からかえったばかりの魚の子」を意味する漢字ですが、日本では「タカベ」の漢字名として辞書にも載っています。タカベは、背中に黄色い太い線があることから、英名「イエロー・ストライプ・バターフィッシュ」といわれます。

◆「たかべ」ってどんな魚？

本州中部から九州までの沿岸に分布していますが、特に暖かいところが好きなようで、伊豆諸島や紀伊半島で多く獲《と》れます。体長は25センチメートルほどで、形はイサキに似ています。背中に鮮やかな黄色のラインが走っていることから、別名・シマウオと呼ばれ、ほかに、シャカ（串本地方）、ベント（高知）、ホタ（鹿児島）という呼び名もあります。磯《いそ》の香りが強く、肉もやわらかくて脂肪が多いため、昔はあまり上等でない惣菜《そうざい》魚として扱われてきました。ところが最近では、その脂っぽさゆえに人気が高まり、すっかり高級魚の仲間入りをしています。盛夏から秋口にかけてが旬で、この時期にたっぷり脂がのります。目が澄んでいるもの、腹に張りがあるもの、黄色い帯がハッキリしているものが新鮮。塩焼きにするのが最高だといわれ、その旨さはサンマを凌《しの》ぎ、焼き魚の王様といわれるほどです。カルシウム、鉄分などのミネラルやビタミンAが豊富に含まれているので、焼きたてのタカベにレモンを搾《しぼ》って食べると、夏バテもブッ飛びます。釣り人たちはタカベの美しさとおいしさに感嘆し、今では、高級魚イサキより、ランクが上だと見なされています。

鮃 やまめ

◆どうしてこんな字？

「鯇」と同じく「ずんぐりとした丸い魚」の意味があり、中国では「草魚」、日本では「アメノウオ」のことをいいます。アメノウオは、ヤマメの地方名、あるいはビワマスの別名です。ヤマメは普通「山女」と書かれ、北海道や東北ではヤマベともいいます。

◆「やまめ」ってどんな魚？

南方型のマスが、河川に棲み着いたのがヤマメで、その点では、湖水に棲み着いたビワマスと似ています。本来、海にいた魚が川や湖に閉じ込められ、帰れなくなったという意味から、「陸封魚」といいますが、ヤマメはサクラマスの陸封型に当たります。サクラマスが体長60センチメートルであるのに対し、ヤマメは約30センチメートル。見た目はアマゴにそっくりですが、アマゴはサツキマスの陸封型。朱色の斑点《はんてん》があるのがアマゴで、朱点がないのがヤマメ、と見分けます。また、神奈川以北の太平洋側、島根、鳥取以北の日本海側に生息するのがヤマメで、アマゴは東海から近畿、瀬戸内、四国地方に分布しています。ヤマメは「渓流釣りの女王」

と呼ばれるほどの人気者で、川魚の中でも抜群のおいしさ。旬は、夏から秋で、獲れたてを塩焼きにするのが、おいしい食べ方です。バター焼きや田楽、甘露煮にするのもいいでしょう。そんなヤマメは一生を川で暮らしますが、北海道や東北など一部の地方では、サクラマスとして雌は海へ下って一時期を過ごします。その間、雄は独身生活を送ります。ここから、「ヤモメ暮らし」という言葉が生まれた、という説があります。

鯷《ひしこ》

◆どうしてこんな字？

漢字のつくりとしては「ぬるぬるした魚」ということで、中国では「オオナマズ」のことを表します。日本では、「ヒシコ」と読みます。ヒシコとは、カタクチイワシの古名。ちなみに、カタクチイワシは漢字だと「片口鰯」と書きます。

◆「ひしこ（かたくちいわし）」ってどんな魚？

弱々しい魚、鰯の中でも、もっとも小さい部類に入るのがカタクチイワシで、体長は15センチメートル前後。その名のとおり、上あごが前に突き出し、下あごが極端に小さく、「片口」だけが目立っています。群をなして外洋を回遊し、動物プランクトンを主食とします。岸近くや内湾にも現れ、日本全域で獲れるため、旬の時期は地域によって異なります。産卵のピークは春と秋といわれ、稚魚も有用な食料となります。カタクチイワシほど、日本人がお世話になっている魚はいないでしょう。稚魚を蒸して生干ししたのがシラス干し。さらに乾燥させたのがちりめんじゃこ。稚魚を海苔《のり》のようにすいて板状にし、天日で干したのがたたみいわし。白くて目のつまったものが良品で、軽く炙《あぶ》って醬油《しょうゆ》をたらすと、酒の肴《さかな》に最適です。幼魚を乾かしたものは「ごまめ」といい、祝い肴として重宝されます。ウルメイワシの丸干しと同様、カタクチイワシは目に串《くし》を刺す、メザシの代表選手。ミリン干しも手軽なおかずとなります。塩漬けにして発酵させ、オリーブ油で漬け込んだものがアンチョビで、ピザやパスタでも大活躍しています。

鼈
すっぽん

◆どうしてこんな字?

中国では「ベツ」と読みます。スッポンは淡水に棲む亀《かめ》の一種ですが、背甲腹甲とも柔らかい皮で覆《おお》われています。「鼈」は「鼈」の俗字で、日本では後者がよく使われています。

◆「すっぽん」って?

スッポンは、日本では本州、四国、九州の淡水域に生息しています。生命力が強く、肉は美味、滋養に富み、昔から強壮食として利用されてきました。といっても、近年では、出回るもののほとんどが養殖で、浜名湖方面や大分が主産地となっています。また、台湾などからの輸入も増えてきています。今では、一年中味わうことができますが、やはり旬は、晩秋から冬にかけての寒くなるシーズン。スッポンにとっては気の毒な話ですが、夏の間にたっぷりと栄養をつけ、そろそろ冬眠に入ろうかな……というときが食べごろです。体重700~800グラム程度のものが、おいしいといわれ、腹部が太っているもの、甲の周辺がペラペラとして柔らかいものが上物です。スッポンは、甲、爪、膀胱《ぼうこう》、胆のう以外は、すべて食べることができます。スッポン料理の本場といえば、関西。日本で最初にスッポン料理が登場したのが京都、ということもあって、関西には多くの名店があります。スッポンの食べられる部分を全部ぶち込み、臭み消しに酒や生姜《しょうが》、長ネギなどを入れた鍋は、関西で「丸鍋」と呼ばれています。やはり、最後は、雑炊で締めくくるといいでしょう。

第三章　これはサカナかな?

鮮　せん

◆どうしてこんな字?

鮮はもともと、なま魚を指す言葉です。魚も羊も新鮮さを尊ぶことから、新しく、美しく、色あざやかなことを表しています。魚を三つ重ねた鱻《せん》も同じ意味を持っています。

◆「せん」って?

鮮魚とは、いきのいい魚のこと。加工品や冷凍にされていない生の魚を指します。生でさえあれば、一尾丸ごとでも、切り身でも鮮魚と呼ばれます。活《い》け締めすると、死後硬直が遅くなり、鮮度を保てるので、刺身で食すのに向いています。鮮度が落ちると肉が柔らかくなり、歯ごたえがなくなります。「鮮」は「魚のなます」を指すこともあります。

鱍 はつ

◆どうしてこんな字？

魚が勢いよく泳ぐ様を鱍々といい、魚が潑溂《はつらつ》と泳いだり、躍ったりする様子を表す言葉です。魚が長い尾ビレを元気よく振って泳ぐ姿が、まさにそれです。

◆「はつ」って？

同じイキのいい魚でも、死後硬直が始まった魚を鮮魚と呼ぶのに対し、まだ生きている魚は活魚といいます。水揚げされたばかりの魚がおいしいのは当然ですが、生簀《いけす》で泳ぐ魚は弱っている可能性があります。水質汚濁を防ぐため、餌《えさ》を与えずに運搬されるからです。時期はずれの活魚より、旬《しゅん》に捕獲して冷凍したもののほうがおいしい場合もあります。

鮾《だい》

◆どうしてこんな字？

「委」という文字には「なえる」という意味があり、魚がくさるということです。古い日本語で「鮾《あざ》る」（魚肉が腐る）といういい方をします。

◆「だい」って？

魚が腐る、というと聞こえが悪いですが、魚を発酵させた調味料はよくあります。秋田名産の「しょっつる」は、イワシやハタハタを生のまま塩漬けにして貯蔵し、上澄《うわず》みを漉《こ》して作る「魚醬《ぎょしょう》」の一種です。ベトナムのニョクマムやタイのナムプラーなども有名。沖縄では「スクガラス」というアイゴの稚魚の塩漬けを好んで食べますが、強烈な腐敗臭がします。

鮴《ひうお》

◆どうしてこんな字？

「氷魚」とも書き、「ヒオ」「ヒウオ」と読みます。アユの稚魚のことです。ほとんど半透明の白色であるため、氷のように透き通った小魚、という意味が込められているようです。

◆「ひうお」ってどんな魚？

「しらす」と読まれることもあります。アユのしらす干しというのも稀《まれ》にありますが、多くの場合、稚魚は放流して、養殖で育て、成魚になってから食します。藻類を食べて暮らす天然アユは川魚特有の香りがしますが、最近ではこの香りを理解する人が激減しており、太り気味で脂肪ののった養殖アユのほうが旨《うま》い、などという人が増えてきています。

魵《だぼはぜ》

◆どうしてこんな字？

「幼」には「青黒い色」「小さい」といった意味があります。具体的にはダボハゼ、あるいは、タナゴのことを指します。中国ではシナハゲカジカのことをいいます。

◆「だぼはぜ」ってどんな魚？

ダボハゼは、チチブ、ヨシノボリなどのハゼ類の俗称です。「ダボ」は神戸弁でアホ、バカといった人をケナす言葉として使われます。ダボハゼという呼び方も「食用にもならないバカな小魚」という蔑称《べっしょう》として使われていたようです。ところが、ハゼ類の漁獲量は激減し、最近では、ハゼの佃煮《つくだに》は高級珍味として扱われています。なんとも皮肉な名称です。

鮬　せいご

◆どうしてこんな字？

「夸」には「弓なりに曲がったマタ」という意味や、「くぼみ」という意味があります。魚市場では、「清子」と書くこともあります。

◆「せいご」ってどんな魚？

出世魚・スズキの稚魚で1歳のもの、もしくは、体長25センチメートル程度のものをセイゴといいます。スズキは『古事記』や『平家物語』といった古典にも登場するおいしい魚です。『万葉集』でも柿本人麻呂《かきのもとのひとまろ》が「あらたへの　藤江の浦に鈴寸《すずき》釣る　海人《あま》とか見らむ　旅行くわれを」と詠《よ》んでいます。セイゴは川を上るため、環境によっては、やや味が劣ることがあります。それでも、三枚におろして酢味噌で和《あ》えると味が引き立つといわれています。

鯢 さんしょううお

◆どうしてこんな字？

つくりの「兒」には「小児」という意味があり、子供のような泣き声を出し、子供のように木に登る魚、つまり、サンショウウオを言い表します。また、雌のクジラという意味もあります。

◆「さんしょううお」って？

「山椒魚《さんしょううお》」と書くのが一般的。イモリの近縁で形もよく似た両生類の総称です。山間の渓流や湿地に住み、クロサンショウウオ、ハコネサンショウウオ、ヒダサンショウウオなど、日本には十数種類います。その生態から、ハタケドジョウ、椒魚《はじかみうお》、油魚《あぶらめ》などとも呼ばれます。オオサンショウウオは全長120センチメートルに達する、特別天然記念物です。

鯿 おしきうお

◆どうしてこんな字?

中国で「ヘンギョ」として有名な淡水魚の名前です。フナに似て、身が広く薄く、へん平なため、こういわれるのだと考えられます。日本では古くから「オシキウオ」と訳されました。

◆「おしきうお」ってどんな魚?

「魴魚」とも記されるヘンギョは、中国の古典にもよく登場する淡水魚です。尾が白いので「オシキウオ」ともいわれますが、分類学的には中国の湖川に生息するトガリヒラウオのことのようです。オシキウオの尾は、疲労すると赤くなるそうで、『詩経』では、人民の苦労が酷《ひど》いことを「魴魚赬尾《ほうぎょていび》」(オシキウオの尾が赤くなる)と譬《たと》えています。

鰱 れんぎょ

◆どうしてこんな字？

文字どおり「連なって泳ぐのを好む魚」という意味で、中国原産の淡水魚「レンギョ」のことです。日本には、ハクレンやコクレンがいます。同字でタナゴを指す場合もあります。

◆「れんぎょ」ってどんな魚？

中国で日常の食事に供されるレンギョは、ソウギョなどとともに移殖され、現在では、霞《かすみ》ケ浦《うら》と北浦、利根《とね》川水系、江戸川水系などで自然繁殖しています。淀《よど》川にも放流されており、ヘラブナ釣りの仕掛けにかかるため、釣り人を驚かせています。日本ではあまり食べませんが、中華食材となり、ハクレンよりコクレンのほうが旨いとされています。

魞　えり

◆どうしてこんな字？

字を見てのとおり、「魚」を「入れる」仕掛けで、「えり」と発音します。これは中国に端を発する漢字ではなく、日本で作られた漢字で、いわゆる「国字」というものです。

◆「えり」って？

「えり」は定置漁具の一種で、河川や湖沼などの魚の通路に、細長く屈曲した袋状に竹簀《たけす》を立て、魚を捕らえる装置です。細竹を用い、迷路状に立てて並べ、いったん入った魚が戻れないような仕組みになっています。アユを獲《と》るときなどに使われますが、えりを水中に仕掛けることを「えり挿《さ》す」といい、季節の風物詩となっています。

魫《ちん》

◆どうしてこんな字？

この漢字のつくりは、枕骨《ちんこつ》といわれる、「魚の頭の骨」のことを意味しています。『明史』には、魚の頭骨で作った燈（魫燈《ちんとう》）のことが記されています。

◆「ちん」って？

魚の頭の骨を使った料理があることを御存知でしょうか。「氷頭《ひず》」です。サケの頭部にある半透明の軟骨のことで、この氷頭を薄く切ったものに、塩をし、酢で洗い、三杯酢に漬けると、素晴らしくも珍味な、酒の肴《さかな》「氷頭なます」ができあがります。氷頭に小麦粉を軽くまぶし、から揚げにするのも、また良し。これぞ通の食べ方です。

魯 ろ

◆どうしてこんな字?

「魚」は「鹵《ろ》」に通じ、「おろか」「にぶい」といった意味を含んでいます。

「日」は「口」を象徴し、「言い方がにぶい」「役立たずのおろか者」という意味を含んでいます。

◆「ろ」って?

魯魚《ろぎよ》というのは、文字の書き誤りのこと。魯と魚の字が似ていることから、うっかりすることの譬えです。「魯」というのは、中国の春秋時代の国の名で、孔子の生国で、儒教の栄えた地です。三家詩のひとつ『魯詩』を生み出し、周代の伝統文化を繁栄させた国です。「魯」という漢字に、おろかだとか、にぶいといった意味があるとは、不思議です。

魹　とど

◆どうしてこんな字？

ズバリ「毛の生えた魚」という意味で、アシカ科の海獣である「トド」のことを表しています。中国の魚へん漢字には、海獣や伝説の怪魚を表すものが、たくさんあります。

◆「とど」って？

トドはアシカ科の哺乳類。アシカに似ていますが、大型で雄は体長約3メートル、体重約1トンにも達します。ほかのアシカ類同様、一夫多妻制でハーレムを作りますが、繁殖期間中、雄は絶食して闘争し、なわばりを守るため、大きくて強いものしか勝ち残れません。トドは北海道の海岸に見られ、北海道ではトド肉の缶詰が土産品として売られています。

鮏《せい》

◆どうしてこんな字？

「生」は字のまま「ナマ」という意味で、魚のなまぐささ、また、なまぐさいことを表しています。日本の国字では「鮭」と同じく「サケ」を表し、一部では今なお使われています。

◆「せい（なまぐさい）」って？

その昔、サケは生臭い魚の代表でしたが、今やトロサーモンが寿《す》司《し》屋で女性に大人気の時代です。「めふん」はサケの血合いと腎臓を使った塩辛で、やや生臭さがありますが舌にとろけるようなコクがあり、酒好きに人気があります。色と脂肪の抜けたシロザケを細く裂いて陰干しした「トバ」も、酒のアテに最高。古今東西、酒飲みは「サケ」が大好きです。

鮰 はらわた

◆どうしてこんな字？

「コ」と発音し、「魚のはらわた」を表す中国の漢字です。魚の腸や胃といった内臓のかたまりを指し、古くから食材とされていたようです。「ワタコ」という魚のこともいいます。

◆「はらわた」って？

カツオの内臓の塩辛「酒盗《しゅとう》」は、酒を盗みたくなるほど美味という、酒に合う逸品で、かつお節を作る際に除かれた胃、腸、幽門垂などを塩漬けして、熟成したものです。コノワタは、ナマコの腸管を塩漬けしたもの。ナマコは「コ」と呼ばれていたことから「コのワタ」と名づけられました。これら珍品で酒を飲むと、ハラワタに染《し》みるほど旨いです。

鯁 のぎ

◆どうしてこんな字？

漢字のつくりは、「硬い」という意味で、魚の骨を表します。音では「コウ」と発音しますが、訓では「のぎ」と読み、「のどにささった魚の骨」のことを表しています。

◆「のぎ」って？

「更」というつくりは「硬」に通じ、「遠慮のない直言を好み、人にへつらわない」「骨っぽい」ことをいいます。魚の骨がノドにささる昔話としては、イサキという魚が有名。和歌山では、イサキの骨がノドに刺さり、死んだ鍛冶《かじ》屋がいるとかで、イサキは「鍛冶屋殺し」の異名をとっています。南方系のイサキやタカベの硬い骨にはお気をつけください。

鯤　こん

◆どうしてこんな字？

「昆《こん》」という音には、「魚の卵」という意味があるため、魚の産卵前の卵のことを意味しますが、この字のもうひとつの意味として、想像上の大魚の名、を表しています。

◆「こん」ってどんな魚？

「鯤《こん》」は、北の海に住むという、想像上の大魚の名前です。龍《りゅう》のような顔と、蛇のような尾を持っており、やがて「鵬《ほう》」という大鳥に姿を変え、北方の海から南方の海に向かって大空を渡っていく……ということです。これは荘子《そうし》の『逍遙遊《しょうようゆう》』に出てくる話ですが、「鯤」というものが、「鵬」とともに、この上なく大きなものに譬えられています。

鮠《ぎぎ》

◆どうしてこんな字？

胸ビレのトゲと基底の骨をこすりあわせて「ギーギー」と鳴くことから「ギギ」と名づけられた淡水魚です。中国には、ギギを表す多種の漢字がありますが、日本の国字はこれです。現在では「義義」と書くのが普通です。

◆「ぎぎ」ってどんな魚？

このインパクトのある名前の持ち主は、本州中部から四国にかけて分布しています。ナマズに似た顔で、体もヌメヌメとし、8本のヒゲがあります。背ビレと胸ビレのトゲに刺されると痛いですが、肉は美味で、照焼きやから揚げにされます。近縁種の「猫義義」は天然記念物に指定されています。

鯪

せんざんこう

◆どうしてこんな字?

「背や腹に菱《ひし》の実のような針を持った魚」という意味ですが、中国の伝説では、「人の顔と手を持つ魚の体をした怪物」をいい、一説ではそれが「せんざんこう」を指します。穿山甲《せんざんこう》とも書きます。

◆「せんざんこう」って?

東南アジアやアフリカに分布する陸生の哺乳類《ほにゅう》。体長約50センチメートルで、全身が褐色の角質のウロコで覆《おお》われています。前足に鋭いカギ爪《づめ》があり、木に登ることができます。昼は穴に隠れ、夜に活動します。歯はありませんが、長い舌でアリやシロアリを食べます。敵に遭うと体を丸めて身を守る日本ではまず見られない珍獣。

鰄《かいらぎ》

◆どうしてこんな字？

国字では「かいらぎ」と読み、「梅花皮」とも書きます。南シナ海やインド洋を原産とし、古くから日本に輸入されていたエイ（サメ）の皮のことで、刀剣の装飾に使われました。

◆「かいらぎ」って？

東南アジア産のエイの皮のことで、刀剣のさやや柄《つか》の装飾に用いられました。「鮫皮《さめがわ》」ともいわれますが、正しくは、アカエイに似た魚が原材料で、梅花形の硬い粒状突起のある背中の皮が用いられました。また、茶道の井戸茶碗《ぢやわん》の見所のひとつで、表面の釉《うわぐすり》のちぢれ具合を、「かいらぎに似て」などと評したりします。

鰓 えら

◆どうしてこんな字？

魚の「エラ」を表し、「アギト」とも読みます。魚の呼吸器である エラは、頭部の頰にあたるところにあり、深紅色で、くしの歯状、または、格子状《こうし》をなす、とされています。

◆「えら」って？

酒とサカナが好きな人にかぎって、魚の内臓↓骨↓ヒレ↓頭↓エラと、どんどん変わった部分を食べるようになります。マグロのエラのあたりの「カマ」と呼ばれる部分は、まるで霜降り牛のようで、塩焼きにすると絶品です。エラ蓋《ぶた》の内側にある「パッキン」といわれる軟骨がまた美味で、マグロのエラのから揚げも相当美味です。

鰥《やもお》

◆どうしてこんな字？

「大きな魚」の意でアメノウオ（ヤマメ）を指し、また、「目から涙が落ちる」という意で「年老いて妻のない男」、つまり「やもお＝男やもめ」を指すという二つの意味があります。

◆「やもお」って？

「やもめ」とは「寡婦＝夫を亡《な》くした女」、つまり「後家」「未亡人」のことで、「やもお」（鰥夫、寡夫）が「妻のいない男」「妻を失った男」、つまり、「男やもめ」を表します。また、「やもめ暮らし」は「夫または妻のない状態で暮らすこと」とされています。

鰭《ひれ》

◆どうしてこんな字？

「耆《き》」というつくりは「脊」に通じ、「背骨」「背中」を意味し、「魚の背中の骨」で「ヒレ」を表します。魚のヒレは、軟骨または硬骨で支えられている運動器官です。

◆「ひれ」って？

ヒレ酒はフグやタイなどのヒレを炙《あぶ》って燗酒《かんざけ》に入れ、香りを楽しむもの。エイヒレは、エイやサメのヒレを干したもので、シコシコした軟骨の歯ざわりが楽しめ、嚙《か》むほどに甘味が出ます。高級中華食材のフカヒレは、気仙沼《けせんぬま》産のものが上質。ヨシキリザメの尾ビレ、背ビレは姿煮として人気があり、繊維が太いのが特徴で、輸出されることも多いです。

鰾《うきぶくろ》

◆どうしてこんな字？

「魚の浮き袋」という意味です。伸縮時に音が鳴るため、「笛」とも呼ばれます。「浮き袋を使って音を出す魚」という意味から、この字で「ホウボウ」や「ニベ」を表すこともあります。

◆「うきぶくろ」って？

魚の浮き袋を取り出し、天日に干した中華食材が「魚肚《ユイドゥ》」です。鰵魚肚（ニベ）、大黄魚肚（オオグチ）、鰻魚肚（ハモ）など、魚の名前をつけて呼ばれます。浮き袋はコラーゲンが多く、熱湯で戻すと、モチッとした、なめらかな食感が楽しめます。味はないので、スープ、煮込み料理に使われます。

鱗《うろこ》

◆どうしてこんな字?

つくりは「鬼火のように連なっている」という意味があり、魚の表皮に連なり並んでいる「ウロコ」のことを表します。生物学上では「真皮より形成される皮骨」とされています。

◆「うろこ」って?

魚のウロコは頭から尾に向かって流れているので、ウロコを取るにはこの流れに逆らい、尾から頭に向かって、こそげ取るのが基本。このとき、魚の種類によって、出刃、柳刃、ウロコ引きを使い分けます。このウロコには、木の年輪のような線模様があり、魚の年齢を調べる重要な手がかりとなります。ウロコのない魚は、脊椎《せきつい》骨や耳石《じせき》で年齢を調べます。

鱣《たうなぎ》

◆どうしてこんな字？

「くねくねうねる魚」の意味があり、さまざまな魚を指します。「タウナギ」「チョウザメ」「ウミヘビ」「大きなコイ」など、「ぬるぬるした」生き物の類です。

◆「たうなぎ」ってどんな魚？

チョウセンドジョウともいわれる「田鰻《たうなぎ》」は、ウナギの遠縁です。体はウナギ型ですが、胸ビレ、腹ビレがなく、まるでヘビのようです。泥沼や水田に棲《す》み、空気呼吸もできます。大変美味で、東南アジアや中国ではウナギより人気が高いといいます。日本では近畿地方を中心に分布していますが、見た目が悪いこともあり、あまり食用にはされません。

鯀《こん》

◆どうしてこんな字？

「系」という字は「渾《コン》」と同じく「大きい」という意味があり、中国の「大魚」である「鯀魚」を指し示しています。また、中国古代伝説の中の、有名な人物の名前でもあります。

◆「こん」って？

「鯀《こん》」は、中国古代の伝説上の人物で、尭《ぎょう》の臣下。顓頊《せんぎょく》の子で、夏《か》の禹《う》王の父。鯀は、9年間ものあいだ、黄河の治水工事に従事しましたが、ついには成功をおさめることができず、誅《ちゅう》されたといいます。四凶のひとりといわれ、最期《さいご》は舜《しゅん》の手によって、羽山で流刑《るけい》に処せられたという悲話が残っています。

魞 にんぎょ

◆どうしてこんな字？

読んで字のごとく、「人魚」を表しています。中国でも古くから「眉《まゆ》耳口鼻手爪《つめ》頭がすべてあり、その肌は玉のごとく白く、……髪は馬の尾のごとく……」と人魚伝説が記されています。

◆「にんぎょ」って？

古来より「人魚を食すると不老長寿を得る」という言い伝えがあります。時は平安時代、源義経《よしつね》の家来・清悦《せいえつ》は、陸奥《むつ》の国の山中で、山伏に人魚の肉を御馳走《ごちそう》になり、長寿を得て江戸時代まで生き延びたそうです。現在では、人魚の正体はジュゴンかマナティーだろうといわれていますが、沖縄では昔ジュゴンのことを「ザン」と呼び常食にしていたそうです。

鰺 あさじ

◆どうしてこんな字？

体の表面に「美しい模様がある魚」という意味で、和名は「アサジ」となっていますが、淡水魚の「オイカワ」を指す説が有力です。ほかにも、「サケ」「タナゴ」説があります。

◆「あさじ（おいかわ）」ってどんな魚？

漢字では「追河」と書かれるオイカワは、北海道を除く日本各地に分布し、川の上流の清い水に棲んでいます。釣りものが少ない冬に数釣りが楽しめることから、釣り人に人気がある魚で、冬季はまずまずの美味。成熟期の雄は、鮮やかな青緑色や赤色を帯び、とても美しい魚ですが、日本語の雑魚《ざこ》からとった「Zacco」という学名がつけられています。

鮸 にごい

◆どうしてこんな字？

「隅っこにいて、かろうじて魚の仲間に入っている」という意味で、中国では「ニゴイ」を指します。「雑魚」あるいは「取るに足らない小人物」の意味も込められています。

◆「にごい」ってどんな魚？

「似鯉《にごい》」は、コイに似ていることから名前がつけられた淡水魚で、ミゴイともいいます。コイより体が細長く、口ひげが2本はえています。日本でも一部で食用とされますが、骨が多く、あまり喜ばれる魚ではないようです。中国では「卑《いや》しい」「小さい」の意味を持ち、小人物の譬《たと》えから転じて、自分を謙遜《けんそん》していうときに、この字を使います。

鮣 こばんざめ

◆どうしてこんな字？

「印《いん》」は「ハンコ」という意味で、「印章のような吸盤を持つ魚」ということで「コバンザメ」のことをいいます。

◆「こばんざめ」ってどんな魚？

小判鮫という表記が一般的。スズキ目コバンザメ科の海水魚のことで、本当はサメ類ではありません。コバンザメの体長は約80センチメートル。細長い頭頂に第1背ビレの変形物である小判型の吸盤があり、この吸盤を利用して回遊魚の皮膚に貼《は》りついたり、あるいは、船の底にくっついたりして移動するという、かなり小ズルイ魚です。「小判頂き」の別名もあります。

蚶《あかがい》

◆どうしてこんな字？

貝類には珍しく、ヘモグロビンを含み、血と身が赤いので、「アカガイ」と呼ばれています。中国の漢字では、虫へん、もしくは、魚へんに、「甘」と書いて、アカガイです。

◆「あかがい」って？

ほのかな甘味、磯《いそ》の香り、コリッとした歯ざわりが魅力の赤貝は、冬から春にかけて肉厚になり、味が良くなります。やはり、生食が美味ですから、刺身か寿司《すし》がいいでしょう。アカガイが「本玉」と呼ばれるのに対し、「白玉（バッチ）」というのは近縁種のサトウガイです。殻の表面の線が42本前後のものが本玉で、38本前後と少ないのが代用品の白玉です。

魭 うみがめ

◆どうしてこんな字？

「ゲン」と発音される「元」には、「鼈」や「鰲」と同じく「すっぽん」という意味や、「オオウミガメ」という意味があります。同じ字で、「ガン」と発音すると「角がなくて円満」という意味に繋《つな》がります。

◆「うみがめ」って？

アカウミガメは、温帯域で繁殖するウミガメで、日本でも産卵シーンが見られます。アオウミガメは、熱帯・亜熱帯に生息し、屋久島や小笠原《おがさわら》諸島でダイビングの際にバッタリ出会うことがあります。ほかにも、タイマイが八重山諸島の沿岸に産卵場を持ちます。日本ではウミガメは観賞するものですが、フランスなどでは高級食材として使われています。

ぎょ

◆どうしてこんな字？

魚に魚がくっついた、この漢字は、見てのとおり、「魚がつらなっていく」様を表しています。また、この字は「大きい魚」という意味も兼ね備えています。

◆「ぎょ」って？

「連なって泳ぐ」魚といえば、魚へんに連と書くレンギョや、タナゴが有名です。タナゴ類は数多く、それぞれ異なった生息域で、群れをなして生活しています。アブラボテなどはなわばり意識が強く、他の魚を追い払う習性があります。また、産卵期には雄が雌を追いかけ回す姿も、よく見かけられます。

鱻《せん》

◆どうしてこんな字？

魚を三つ重ねた、この漢字は「セン」と発音します。「鮮」と同義語で、「新《しん》」にも通じ、「魚が新しい」ことを表します。「少ない」という意味も含まれています。

◆「せん」って？

中国では、魚は新鮮であることが第一とされ、このような字が生まれました。この一字で「新鮮」「鮮魚」「生肉」といった意味があります。日本で、鮮度が重要視される魚といえば「サバ」が有名。「サバの生き腐れ」というくらい足が早いので、水揚げしたサバの数を大急ぎで数え、いい加減になることから「サバを読む」という言葉が生まれたという説があります。

𩺰 ぎょう

◆どうしてこんな字？

魚という字を四つ重ね、何と44画もあるこの漢字は、「ギョウ」（または「ゴウ」）と発音し、「魚が盛んなさま」を意味します。

◆「ぎょう」って？

「魚が盛んなさま」と聞くと、「大漁」の光景が思い浮かべられます。マグロ、カツオ、ニシン、サンマなどの回遊魚は、餌や産卵場所を求めて大洋を広く移動し、ときに日本沿岸に大群で押し寄せます。明治時代、北海道・江差《えさし》の沿岸には、4月になるとニシンが押し寄せ、十数万人のヤン衆（ニシン労働者）が、1カ月で1年分の生活費を稼いだそうです。

さくいん

参考文献

『海水魚大図鑑』　小林道信（他）　世界文化社
『学研生物図鑑 改訂版』　学習研究社
『魚』　安部義孝　太田一男　新訂版　学習研究社
『魚』　井田齊・松浦啓一（他）　小学館
『魚』　杉浦宏　講談社
『魚』　鈴木登紀子・安藤久美子　雄鶏社
『魚・貝の郷土料理』　服部幸應・服部津貴子　岩崎書店
『魚・肴・さかな事典』　監修末広恭雄　大修館書店
『魚・肴ものしり辞典』　粟屋充　東京堂出版
『魚いろいろおろし方料理の仕方』　監修鈴木さよ子　徳間書店
『魚ガイドブック』　清水誠　女子栄養大学出版部
『魚と貝の料理』　志の島忠　小学館
『魚のおろし方と料理』　志の島小美　グラフ社
『魚の分類の図鑑』　上野輝彌・坂本一男　東海大学出版会
『大漢和辞典』　諸橋轍次　大修館書店
『動物・魚の漢字事典』　海城文也　ポプラ社
『日本産魚名大辞典』　日本魚類学会編　三省堂

本書は平成十四年八月、『魚へん魚講座』として新潮社より
刊行されたものを改題し、大幅に手を加えたものである。

魚《さかな》へん漢字《かんじ》講座《こうざ》

新潮文庫　　え - 14 - 1

平成十六年九月一日発行
平成二十九年八月五日十三刷

著者　江《え》戸《ど》家《や》魚《うお》八《はち》

発行者　佐藤隆信

発行所　株式会社 新潮社
郵便番号　一六二―八七一一
東京都新宿区矢来町七一
電話　編集部(〇三)三二六六―五四四〇
読者係(〇三)三二六六―五一一一
http://www.shinchosha.co.jp

価格はカバーに表示してあります。

乱丁・落丁本は、ご面倒ですが小社読者係宛ご送付ください。送料小社負担にてお取替えいたします。

DTP 組版製版・株式会社ゾーン
印刷・錦明印刷株式会社　製本・錦明印刷株式会社

ISBN978-4-10-116061-0 C0181